Mix-and-Match
Animaletti uncinetto
Schemi all'uncinetto Amigurumi

Sayjai Thawornsupacharoen

Schemi all'uncinetto in italiano di Sayjai, volume 1

K AND J PUBLISHING
16 Whitegate Close, Swavesey, Cambridge CB24 4TT, Inghilterra
uncinettoamigurumi.blogspot.com

Indice

Introduzione	3
"Mix-and-Match"	3
Note sull'autore, Sayjai	4
Fotografie degli animaletti	4
Dimensioni e materiali	15
Animaletti grandi	15
Animaletti medi	15
Animaletti piccoli	15
Colori del filato per taglia media	16
Filo da Ricamo	16
Altro materiale	16
Punti di base	17
Abbreviazioni	17
Nodo a cappio	17
Punto catenella (cat)	17
Maglia bassa (mb)	17
Mezza maglia alta (mma)	17
Maglia alta (ma)	17
Giri continui (Spirale)	18
Aumento con maglia bassa	18
Diminuzione con maglia bassa	18
Anello posteriore	19
Anello anteriore	19
Anello magico	19
Catenella di base	20
Schemi di base	21
Colletto	21
Muso	21
Cintura	21
Testa	22
Unire le gambe	22
Coda	23
Lavorando negli anelli liberi	23
Cucire le braccia al corpo	23
Ciglia	23
Orso	25
Gatto	25
Tigre	26
Maialino	27
Elefante	28
Cane	29
Coniglio	30
Scimmia	31
Mucca	32
Topo	33
Dottore	34
Infermiera	36
Cuoco	38
Poliziotto	40
Pompiere	42
Marinaio	44
Contadino	46
Ballerina	48
Ingegnere	50
Insegnante	52
Copyright	54

Introduzione

"Mix-and-Match"

Schemi all'uncinetto "Mix-and-Match" per lavorare all'uncinetto tanti animali in ogni tipo di costume da abbinare in combinazioni a piacere!

Sono inclusi tanti tipi di animali: dal maestoso elefante al simpatico topolino. I tuoi bambini si divertiranno tantissimo a giocare con questi nuovi amici creati con le tue mani e la tua fantasia. Questi animaletti sono anche un regalo perfetto per amici e parenti e crearli con combinazioni personalizzate è facilissimo! Scegli un tipo diverso di filato (grosso o sottile) e la dimensione dell'uncinetto per ottenere un animaletto più grande o più piccolo. Cambia il colore degli accessori e dei vestiti e fai correre la tua immaginazione! Senza troppa fatica un gomitolo di filato si trasformerà nella perfetta mucca ballerina che è sempre stata la tua amica immaginaria preferita!

La famiglia degli orsi

Gli orsi adulti sono stati creati con filato medio e uncinetto 4 mm. Per crearli come nella foto, segui le istruzioni della testa dell'**Orso** a pagina 25 e le istruzioni per il corpo del **Dottore** a pagina 34 e **Infermiera** a pagina 36.

Gli orsi bambini sono stati creati con filato sottile e uncinetto 3 mm. Per crearli come nella foto, segui le istruzioni della testa dell'**Orso** a pagina 25 e le istruzioni per il corpo dell'**Infermiera** a pagina 36 (orsetto piccolo a sinistra) e dell'**Ingegnere** a pagina 50 (orsetto piccolo a destra).

Note sull'autore, Sayjai

Sayjai è un'ex-infermiera che ha imparato da sola a lavorare all'uncinetto e a creare schemi uncinetto Amigurumi nel 2009. Sayjai ha aperto il suo negozio Etsy (K and J Dolls) in cui vendeva gli schemi uncinetto originali di Amigurumi e pochi anni dopo, nel 2014, ha pubblicato il primo libro con una collezione di schemi originali. Sayjai ha creato design di ogni tipo e diverse riviste specializzate hanno pubblicato i suoi schemi uncinetto (per esempio, "Let's Knit","Trendy Häkeln" e nel libro "Witch Craft" e "Dress Up Dolls").

Ti ringraziamo per il tuo supporto a un designer indipendente! Puoi contattare Sayjai via email a kandjdolls@gmail.com o sul suo blog : uncinettoamigurumi.blogspot.com

Fotografie degli animaletti

Orso

Gatto

Maialino

Elefante

Tigre

Cane

Mucca

Topo

Scimmia

Coniglio

Dottore

Infermiera

Cuoco

Pompiere

Poliziotto

Marinaio

Contadino

Ballerina

Ingegnere

Insegnante

Dimensioni e materiali

La dimensione finale dell'animaletto dipende dalla dimensione dell'uncinetto, dalla grossezza del filato e da quanto deciderete di riempirlo con la fibra sintetica. Utilizzare un uncinetto più grande e un filato più grosso crea una bambola più grande. Una bambola riempita in modo più denso risulta più grande di una che è riempita con meno fibra sintetica.

Tre dimensioni di orsetto: quello più **grande** è stato creato con filato grosso (Chunky yarn) e uncinetto 5 mm, l'orsetto **medio** è stato creato con filato medio (Worsted/Aran) e uncinetto 4 mm e l'orsetto **piccolo** è stato creato con filato sottile (DK yarn) e uncinetto 3 mm.

Animaletti grandi

Dimensioni: 28 cm (escluse le orecchie);
Peso del filato: Grosso, Bulky, Chunky;

Marca: Stylecraft Special Chunky, peso 100g, lunghezza: 144 m;
Filato per la testa: 35-60 g o 50-86 metri;
Filato per il corpo: 50-85 g o 72-122 m;
Dimensioni uncinetto: 5 mm, H/8;
Bottoncini per gli occhi: 15 mm;
Fibra sintetica: 250 g.

Animaletti medi

Dimensioni: 22 cm;
Peso del filato: Medio, Aran, Worsted;

Marca: Red Heart Soft Yarn, peso 100g, lunghezza: 167 m; e Red Heart Soft Baby Steps Yarn, peso 100g, lunghezza: 164 m;
Filato per la testa: 30-50 g o 49-82 m;
Filato per il corpo: 50-70 g o 82-115 metri;
Dimensioni uncinetto: 4 mm, G/6;
Bottoncini per gli occhi: 12 mm;
Fibra sintetica: 70 g.

Animaletti piccoli

Dimensioni: 17 cm;
Peso: Sottile, DK, Light Worsted;

Marca: Stylecraft Special DK, peso 100g, lunghezza: 295 m;
Filato per la testa: 10-20 g o 29-59 metri;
Filato per il corpo: 15-20 g o 44-59 metri;
Dimensioni uncinetto: 3 mm;
Bottoncini per gli occhi: 9 mm;
Fibra sintetica: 50 g.

Colori del filato per animali di taglia media

Nella tabella sottostante il testo nero si riferisce al filato Red Heart Soft Yarn e il testo rosa sottolineato al filato Red Heart Soft Baby Steps.

Ice Blue (00008),
White (00001),
Wheat (09388),
Nature (00002)

Light Yellow (00002),
White (00001),
Nature (00002)

White (00001),
Black (00014),
Light Pink (00003),
Marine (00006),
Orange (00003),
Brown (08281)

Grey (00012),
White (00001),
Light Pink (00003),
Nature (00002)

Light Pink (00003),
Really Red (09925),
Black (00014),
White (00001)

Orange (00003),
Marine (00006),
Black (00014),
Yellow (08217),
White (00001)

Wheat (09388),
Marine (00006),
Light Blue (00007),
Nature (00002),
Yellow (08217),
Black (00014)

White (00001),
Light Pink (00003),
Grey (00012),
Strawberry (00004)

Grey (00012),
Really Red (09925),
Black (00014),
Yellow (08217)

Wheat (09388),
White (00001),
Black (00014,
Marine (00006),
Brown (08281)

Altro materiale

- Ago a punta arrotondata o altro ago con un'asola larga.
- Segna-giri o marcatore di punti o un pezzo di filato da usare come marcatore dell'inizio del giro.
- Spilli da usare per tenere in posizione orecchie, braccia e piedi.
- Un paio di forbici appuntite. Potete utilizzare la punta delle forbici per spingere la fibra sintetica all'interno delle bambole nelle parti più piccole, e potete utilizzare le forbici per creare piccoli tagli che possono aiutare ad applicare i bottoncini per gli occhi.
- Bottoni, perle, stringhe e altre decorazioni da utilizzare come accessori a piacere.

Filo da Ricamo

Filo da ricamo nero viene utilizzato per ricamare il naso, le ciglia e la bocca.
(Marca: DMC Pearl Cotton Thread, dimensioni: 5)

Punti di base

Abbreviazioni

cat	catenella
mb	maglia bassa
mma	mezza maglia alta
ma	maglia alta
m	maglia
mbss	maglia bassissima
dim	diminuzione (mb unendo le successive 2 m insieme)

Nodo a cappio

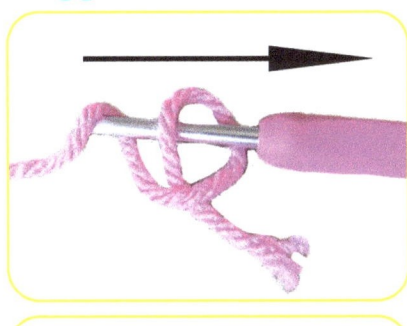

Punto catenella (cat)

Avvolgere il filo sull'uncinetto da dietro e tirare il filo attraverso il cappio del nodo sull'uncinetto. Ecco creata la prima catenella!

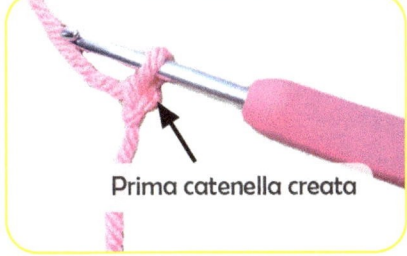

Maglia bassa (mb)

1) Inserire l'uncinetto nella maglia successiva (o catenella).
2) Avvolgere il filo sull'uncinetto, tirare il filo attraverso la maglia sull'uncinetto (o catenella).
3) A questo punto ci saranno 2 anelli di filo sull'uncinetto.
4) Avvolgere il filo sull'uncinetto e tirare il filo attraverso entrambi gli anelli.
5) La maglia bassa (mb) è così completa!

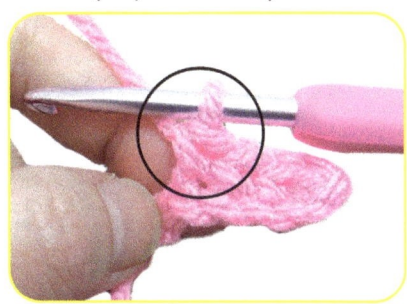

Mezza maglia alta (mma)

1) Avvolgere il filo sull'uncinetto.
2) Inserire l'uncinetto nella maglia successiva (o catenella), avvolgere filo sull'uncinetto, tirare il filo attraverso la maglia (o catenella).
3) A questo punto ci saranno 3 anelli sull'uncinetto, filo sull'uncinetto, tirare il filo attraverso i 3 anelli.
4) Una mezza maglia alta (mma) è così completa!

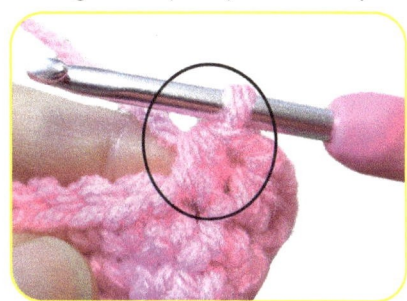

Maglia alta (ma)

1) Avvolgere il filo sull'uncinetto.
2) Inserire l'uncinetto nella maglia successiva (o catenella), filo sull'uncinetto, tirare il filo attraverso la maglia (o catenella).
3) A questo punto ci saranno 3 anelli sull'uncinetto, filo sull'uncinetto, tirare il filo attraverso 2 degli anelli.
4) A questo punto ci saranno 2 anelli sull'uncinetto, filo sull'uncinetto, tirare il filo attraverso i 2 anelli.
5) Una maglia alta (ma) è così completa!

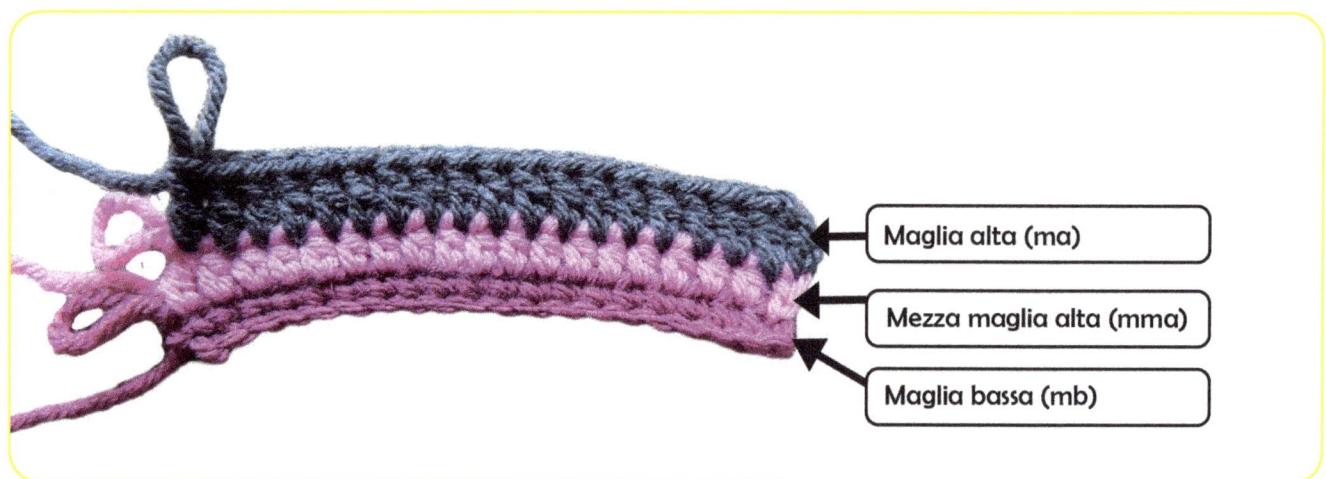

Giri continui (Spirale)

Lavorare in giri continui significa che quando raggiungi la fine del giro, crei la prima maglia del giro successivo direttamente sopra la prima maglia del giro precedente e continui ad andare avanti senza interruzioni. È utile marcare la prima maglia di ogni giro con un marcatore di punti o con un pezzo di filato, perché senza questo marcatore è difficile capire dove un giro inizia e finisce (cosa importante per tenere il conto sul numero di giri fatti).

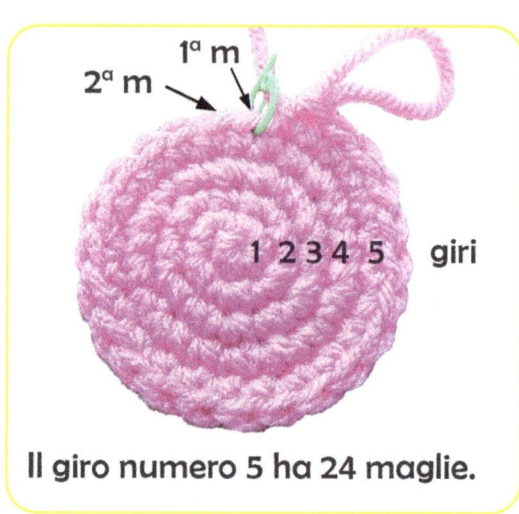

Aumento con maglia bassa

(2 mb nella stessa m di base)

1) Inserire l'uncinetto nella m successiva (o catenella), avvolgere il filo sull'uncinetto, tirare il filo attraverso la m (o catenella).
2) A questo punto ci saranno 2 anelli sull'uncinetto, filo sull'uncinetto, tirare il filo attraverso i 2 anelli.
3) La prima mb è completa.
4) Inserire l'uncinetto nella stessa m di base (o catenella), avvolgere il filo sull'uncinetto, tirare il filo attraverso la m (o catenella).
5) A questo punto ci saranno 2 anelli sull'uncinetto, filo sull'uncinetto, tirare il filo attraverso i 2 anelli.
6) La seconda mb è completato.

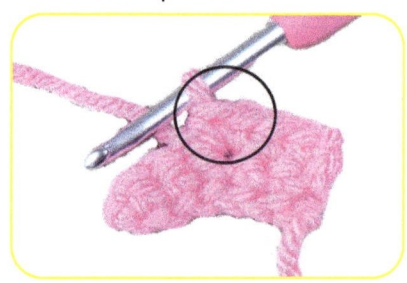

Diminuzione con maglia bassa (dim)

(maglia bassa che unisce le 2 maglie successive)

1) Inserire l'uncinetto nella m successiva (o catenella), avvolgere il filo sull'uncinetto, tirare il filo attraverso la m (o catenella).
2) A questo punto ci saranno 2 anelli sull'uncinetto.
3) Inserire l'uncinetto nella m successiva, avvolgere il filo sull'uncinetto, tirare il filo attraverso la m (o catenella).
4) A questo punto ci saranno 3 anelli sull'uncinetto.
5) Avvolgere il filo sull'uncinetto, tirare il filo attraverso le 3 m sull'uncinetto.
6) Diminuzione con maglia bassa completata ("1 dim").

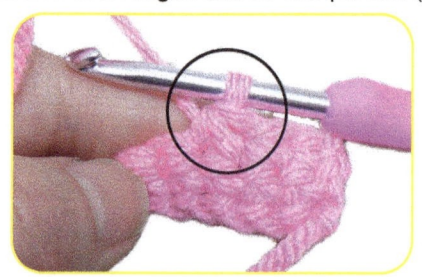

Anello posteriore

Per lavorare nell'anello posteriore della maglia, inserire l'uncinetto solo passando attraverso l'anello posteriore del punto ed eseguire il resto del punto indicato nelle istruzioni.

Le fotografie mostrano come lavorare solo nell'anello posteriore di una maglia.

Lavorando nell'anello posteriore, lascerà libero l'anello anteriore della maglia sul lato frontale del lavoro.

Anello anteriore

Per lavorare nell'anello anteriore della maglia, inserire l'uncinetto solo passando attraverso l'anello anteriore del punto ed eseguire il resto del punto indicato nelle istruzioni.

Le fotografie mostrano come lavorare solo nell'anello anteriore di una maglia.

Lavorando nell'anello posteriore, lascerà libero l'anello posteriore della maglia sul lato posteriore del lavoro.

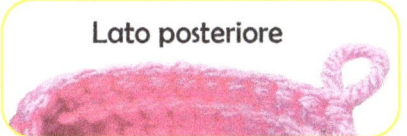

Anello magico

Lo schema della testa e tante altre parti delle bambole Amigurumi iniziano con un anello magico. L'anello magico non è altro che un anello di dimensione flessibile su cui si basano i giri o le righe successive dello schema. Con questo tipo di base, la forma finale che si crea è tipicamente un cerchio o una sfera.

Anello magico di base

1) Crea un anello con il filato in modo che la coda del filo sia dietro alla parte del filo che viene dalla matassa.

2) Inserire l'uncinetto attraverso l'anello, avvolgere il filo sull'uncinetto e tirare il filo attraverso l'anello.

3) L'anello di base è creato.

Il primo giro dell'anello magico di base

giro 1: 6 mb nel cerchio magico.

1) Creare l'anello magico di base come mostrato nel paragrafo precedente, inserire l'uncinetto attraverso l'anello, avvolgere il filo sull'uncinetto e tirare il filo attraverso l'anello.

2) A questo punto ci saranno 2 anelli sull'uncinetto.

3) Filo sull'uncinetto e tirare il filo attraverso l'anello.

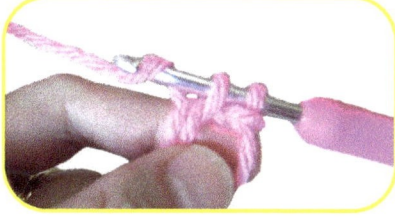

4) Una maglia bassa è completata.

5) Ripeti per altre 5 volte, fino ad ottenere 6 maglie basse. Per stringere e chiudere l'anello, tirare la coda del filo.

Catenella di base

Qualche volta le bambole Amigurumi cominciano da una catenella di base e tutte le righe o giri successivi vengono fatti attorno a questa catenella di base. Con questa tecnica puoi creare forme come un ovale, un quadrato o un rettangolo.

Il primo giro della catenelle di base.

giro 1: **cat 12**, mb nella seconda cat dall'uncinetto, mb nelle 9 cat successive, 3 mb nella cat successiva; lavorare sul lato opposto della cat nell'altro anello, mb nelle 9 cat successive, 2 mb nella cat successiva. (totale 24 m)

Il diagramma qui sotto e le istruzioni del testo qui sopra utilizzano gli stessi colori per le varie sezioni:

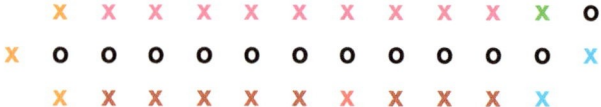

o = catenella (cat), x = maglia bassa (mb)

1) Creare 12 catenelle.

2) mb nella seconda cat dall'uncinetto.

3) mb nelle 9 catenelle successive.

4) 3 mb nella catenelle successiva.

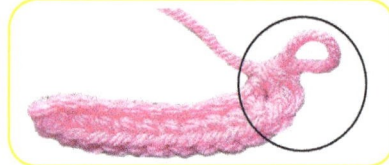

5) lavorare sul lato opposto della cat nel rimanente anello, mb nelle 9 cat successive.

6) 2 mb nella catenelle successiva. (24)

Schemi di base

Colletto

Da lavorare in righe.

riga 1: cat 25, ma nella 4a cat dall'uncinetto (le prime 3 cat contano come 1 ma), mma nella cat successiva, mb nelle 18 cat successive, mma nella cat successiva, 2 ma nella cat successiva, lasciare un filo lungo per cucire, chiudere. (24)

Avvolgere il colletto intorno al collo e cucire in posizione.

Muso

giro 1: 6 mb nel cerchio magico. (6)

giro 2: (2 mb nella m seguente, mb nella m seguente) 3 volte, mbss nella prima m, lasciare un filo lungo per cucire, chiudere. (9)

Con filo da ricamo **nero**, ricama il naso.

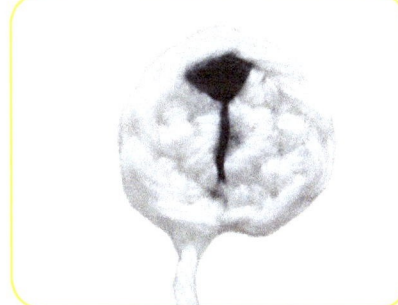

Cintura

Da lavorare in righe.

riga 1: cat 36, mb nella seconda cat dall'uncinetto, mb nelle 34 cat successive, lasciare un filo lungo per cucire, chiudere. (35)

Cucire la cintura sui giri 5-6 del corpo, con filo **giallo** ricamare una fibbia come nelle immagini sottostanti.

Testa

giro 1: 6 mb nel cerchio magico. (6)

giro 2: 2 mb in ogni m sottostante per tutto il giro. (12)

giro 3: (mb nella m seguente, 2 mb nella m seguente) 6 volte. (18)

giro 4: (2 mb nella m seguente, mb nelle 2 m seguenti) 6 volte. (24)

giro 5: (mb nelle 3 m seguenti, 2 mb nella m seguente) 6 volte. (30)

giro 6: mb nelle 2 m seguenti, 2 mb nella m seguente, (mb nelle 4 m seguenti, 2 mb nella m seguente) 5 volte, mb nelle 2 m seguenti. (36)

giro 7: (mb nelle 5 m seguenti, 2 mb nella m seguente) 6 volte. (42)

giro 8: mb nelle 3 m seguenti, 2 mb nella m seguente, (mb nelle 6 m seguenti, 2 mb nella m seguente) 5 volte, mb nelle 3 m seguenti. (48)

giro 9: (mb nelle 7 m seguenti, 2 mb nella m seguente) 6 volte. (54)

giro 10-16: mb in ogni m sottostante per tutto il giro. (54)

giro 17: (mb nelle 7 m seguenti, 1 dim) 6 volte. (48)

giro 18: mb nelle 3 m seguenti, 1 dim, (mb nelle 6 m seguenti, 1 dim) 5 volte, mb nelle 3 m seguenti. (42)

giro 19: (mb nelle 5 m seguenti, 1 dim) 6 volte. (36)

giro 20: mb nelle 2 m seguenti, 1 dim, (mb nelle 4 m seguenti, 1 dim) 5 volte, mb nelle 2 m seguenti. (30)

giro 21: (mb nelle 3 m seguenti, 1 dim) 6 volte. (24)
Inserire gli occhi a 7-8 maglie di distanza l'uno dall'altro all'altezza dei giri 14-15.

giro 22: (mb nelle 2 m seguenti, 1 dim) 6 volte. (18)

giro 23: (mb nella m seguente, 1 dim) 6 volte, mbss nella prima m, chiudere. (12) Imbottire testa.

Se le maglie sono troppo dense, usare la punta delle forbici per creare delle piccole incisioni in cui cucire i bottoncini per gli occhi.

Unire le gambe

Schema che illustra come unire le gambe.

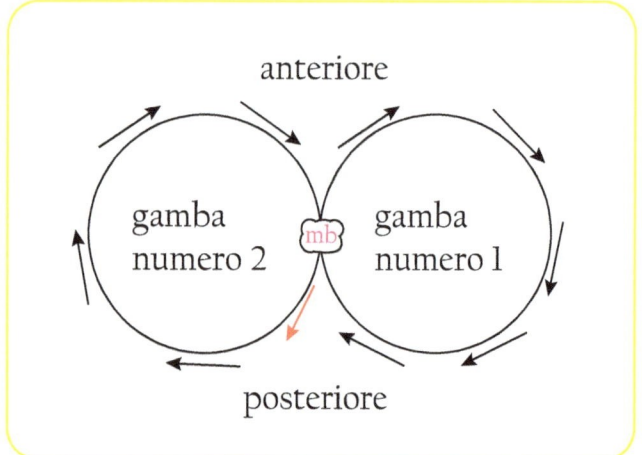

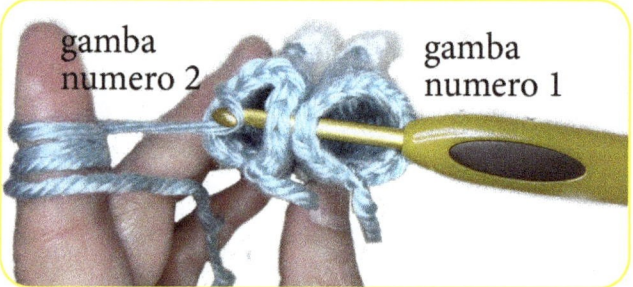

Coda

cat 10, lasciare un filo lungo per cucire, chiudere. (10 cat)

Ciuffi all'estremità della coda:
Tagliare 1-2 pezzi di filo lunghi 5 cm. Prendere un filo, piegarlo a metà, inserire l'uncinetto nel punto alla fine della coda. Tirare il filo piegato attraverso la maglia e far passare le due estremità libere attraverso il cappio formato dal filo piegato a metà. Tirare le estremità del filo in modo da stringere il nodo. Usare un ago per separare il filato e rendere il ciuffo più soffice.

Cucire la coda sul giro 5 o 6, al centro della parte posteriore del corpo.

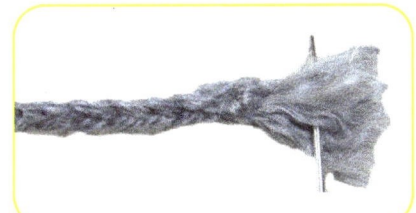

Lavorando negli anelli liberi

Per la gonna o per il bordo della camicia.

Cucire le braccia al corpo

Posizionare le braccia come mostrato nella foto sotto e cucire attraverso le due braccia e il corpo.

Ciglia

Con filo da ricamo **nero**, ricama le ciglia.

Il Signor Elefante è stato creato con filato medio e uncinetto 4 mm. Fai riferimento allo schema dell'**Elefante** a pagina 28 per la testa e schema del **Pompiere** a pagina 42 per il corpo. La giovane elefantina è stata creata con filato sottile e uncinetto 3 mm. Fai riferimento allo schema della **Ballerina** a pagina 48 per il corpo. La signora Elefante è stata creata con filato medio e uncinetto 4 mm con lo schema dell'**Infermiera** a pagina 36.

Copyright © 2020, 2021 Sayjai Thawornsupacharoen. Tutti i diritti riservati.

Teste degli animali

Orso

Testa
Con il colore **marrone**, seguire lo schema di base della **Testa** a pagina 22.

Orecchio
Farne 2.

giro 1: Con il colore **marrone**, 6 mb nel cerchio magico. (6)

giro 2: 2 mb in ogni m sottostante per tutto il giro. (12)

giro 3: (2 mb nella m seguente, mb nelle 3 m seguenti) 3 volte. (15)

giro 4: mb in ogni m sottostante per tutto il giro. (15)

giro 5: mb in ogni m sottostante per tutto il giro, mbss nella prima m, lasciare un filo lungo per cucire, chiudere. (15)

Con degli spilli, posizionare le orecchie all'altezza dei giri 7-12 e cucire in posizione.

Muso

giro 1: Con il colore **crema**, 6 mb nel cerchio magico. (6)

giro 2: (2 mb nella m seguente, mb nella m seguente) 3 volte, mbss nella prima m, lasciare un filo lungo per cucire, chiudere. (9)

Con filo da ricamo **nero**, ricama il naso. Segui lo schema di base del **Muso** a pagina 21 come riferimento per ricamare il naso.

Con degli spilli, posizionare il musetto all'altezza dei giri 15-18 e cucire.

Gatto

Testa
Con il colore **giallo**, seguire lo schema di base della **Testa** a pagina 22.

Orecchio
Farne 2.

giro 1: Con il colore **giallo**, 4 mb nel cerchio magico. (4)

giro 2: (mb nella m seguente, 2 mb nella m seguente) 2 volte. (6)

giro 3: 2 mb in ogni m sottostante per tutto il giro. (12)

giro 4: (mb nelle 3 m seguenti, 2 mb nella m seguente) 3 volte. (15)

giro 5: mb in ogni m sottostante per tutto il giro. (15)

giro 6: mb in ogni m sottostante per tutto il giro, mbss nella prima m, lasciare un filo lungo per cucire, chiudere. (15)

Con degli spilli, posizionare le orecchie all'altezza dei giri 7-12 e cucire in posizione.

Muso

giro 1: Con il colore **crema**, 6 mb nel cerchio magico. (6)

giro 2: (2 mb nella m seguente, mb nella m seguente) 3 volte, mbss nella prima m, lasciare un filo lungo per cucire, chiudere. (9)

Con filo da ricamo **nero**, ricama il naso. Segui lo schema di base del **Muso** a pagina 21 come riferimento per ricamare il naso.

Con degli spilli, posizionare il musetto all'altezza dei giri 14-17 e cucire.

Coda

giro 1: Con il colore **giallo**, 4 mb nel cerchio magico. (4)

giro 2-14: mb in ogni m sottostante per tutto il giro. (4)

giro 15: mb in ogni m sottostante per tutto il giro, mbss nella prima m, lasciare un filo lungo per cucire, chiudere. (4)

Cucire la coda sui giri 6-7 del corpo.

Tigre

Testa

Usa il **nero** per le righe nere dove il testo è **rosa** e sottolineato. Usa l'**arancione** dove il testo è **nero**.

giro 1: 6 mb nel cerchio magico. (6)

giro 2: 2 mb in ogni m sottostante per tutto il giro. (12)

giro 3: (mb nella m seguente, 2 mb nella m seguente) 6 volte. (18)

giro 4: (2 mb nella m seguente, mb nelle 2 m seguenti) 6 volte. (24)

giro 5: (mb nelle 3 m seguenti, 2 mb nella m seguente) 6 volte. (30)

giro 6: mb nelle 2 m seguenti, 2 mb nella m seguente, (mb nelle 4 m seguenti, 2 mb nella m seguente) 5 volte, mb nelle 2 m seguenti. (36)

giro 7: (mb nelle 5 m seguenti, 2 mb nella m seguente) 6 volte. (42)

giro 8: mb nelle 3 m seguenti, 2 mb nella m seguente, (mb nelle 6 m seguenti, 2 mb nella m seguente) 5 volte, mb nelle 3 m seguenti. (48)

giro 9: (mb nelle 7 m seguenti, 2 mb nella m seguente) 6 volte. (54)

giro 10: mb in ogni m sottostante per tutto il giro. (54)

giro 11: mb in ogni m sottostante per tutto il giro. (54)

giro 12-13: mb in ogni m sottostante per tutto il giro. (54)

giro 14: mb nelle 10 m seguenti, mb nelle 20 m seguenti, mb nelle 24 m seguenti. (54)

giro 15-16: mb in ogni m sottostante per tutto il giro. (54)

giro 17: mb nelle 7 m seguenti, 1 dim, mb nelle 2 m seguenti, mb nelle 5 m seguenti, 1 dim, mb nelle 7 m seguenti, 1 dim, mb nelle 4 m seguenti, mb nelle 3 m seguenti, 1 dim, (mb nelle 7 m seguenti, 1 dim) 2 volte. (48)

giro 18: mb nelle 3 m seguenti, 1 dim, (mb nelle 6 m seguenti, 1 dim) 5 volte, mb nelle 3 m seguenti. (42)

giro 19: (mb nelle 5 m seguenti, 1 dim) 6 volte. (36)

giro 20: mb nelle 2 m seguenti, 1 dim, mb nelle 4 m seguenti, 1 dim, (mb nelle 4 m seguenti, 1 dim) 2 volte, (mb nelle 4 m seguenti, 1 dim) 2 volte, mb nelle 2 m seguenti. (30)

giro 21: (mb nelle 3 m seguenti, 1 dim) 6 volte. (24)

Inserire gli occhi a 7-8 maglie di distanza l'uno dall'altro all'altezza dei giri 14-15.

giro 22: (mb nelle 2 m seguenti, 1 dim) 6 volte. (18)

giro 23: (mb nella m seguente, 1 dim) 6 volte, mbss nella prima m, lasciare un filo lungo per cucire, chiudere. (12)

Imbottire bene la testa usando la punta delle forbici per spingere la fibra di imbottitura.

Orecchio

Farne 2.

giro 1: Con il colore **arancione**, 6 mb nel cerchio magico. (6)

giro 2: 2 mb in ogni m sottostante per tutto il giro. (12)

giro 3-4: mb in ogni m sottostante per tutto il giro. (12)

giro 5: mb in ogni m sottostante per tutto il giro, mbss nella prima m, lasciare un filo lungo per cucire, chiudere. (12)

Con degli spilli, posizionare le orecchie all'altezza dei giri 7-11 e cucire in posizione.

Muso

giro 1: Con il colore **bianco**, 6 mb nel cerchio magico. (6)

giro 2: (2 mb nella m seguente, mb nella m seguente) 3 volte, mbss nella prima m, lasciare un filo lungo per cucire, chiudere. (9)

Con filo da ricamo **nero**, ricama il naso. Segui lo schema di base del **Muso** a pagina 21 come riferimento per ricamare il naso.

Con degli spilli, posizionare il musetto all'altezza dei giri 14-17 e cucire.

Coda

Usa il **nero** (colore delle righe) dove il testo è **rosa** e sottolineato. Usa l'**arancione** dove il testo è **nero**.

giro 1: 4 mb nel cerchio magico. (4)

giro 2-4: mb in ogni m sottostante per tutto il giro. (4)

giro 5-6: mb in ogni m sottostante per tutto il giro. (4)

giro 7: mb in ogni m sottostante per tutto il giro. (4)

giro 8-9: mb in ogni m sottostante per tutto il giro. (4)

giro 10: mb in ogni m sottostante per tutto il giro. (4)

giro 11-12: mb in ogni m sottostante per tutto il giro. (4)

giro 13: mb in ogni m sottostante per tutto il giro. (4)

giro 14: mb in ogni m sottostante per tutto il giro. (4)

giro 15: mb in ogni m sottostante per tutto il giro, mbss nella prima m, lasciare un filo lungo per cucire, chiudere. (4)

Cucire la coda sul giro 5-6 del corpo.

Maialino

Testa

Con il colore **rosa chiaro**, seguire lo schema di base della **Testa** a pagina 22.

Orecchio

Farne 2.

giro 1: Con il colore **rosa chiaro**, 4 mb nel cerchio magico. (4)

giro 2: (mb nella m seguente, 2 mb nella m seguente) 2 volte. (6)

giro 3: 2 mb in ogni m sottostante per tutto il giro. (12)

giro 4: (mb nelle 3 m seguenti, 2 mb nella m seguente) 3 volte. (15)

giro 5: mb in ogni m sottostante per tutto il giro. (15)

giro 6: mb in ogni m sottostante per tutto il giro, mbss nella prima m, lasciare un filo lungo per cucire, chiudere. (15)

Con degli spilli, posizionare le orecchie all'altezza dei giri 6-12 e cucire in posizione.

Coda

Da lavorare in righe.

riga 1: Con il colore **rosa chiaro**, cat 10, 2 mbss nella seconda cat dall'uncinetto, 2 mbss nelle prossime 8 cat, lasciare un filo lungo per cucire, chiudere. (18)

Cucire la coda sul giro 6 del corpo.

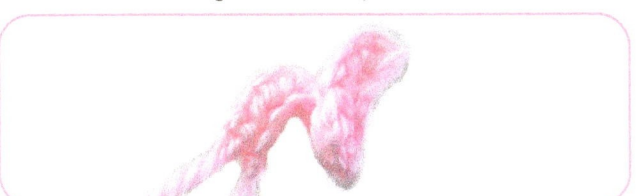

Muso

Inizia il lavoro con mb sulle catenelle di base:

giro 1: Con il colore **rosa chiaro**, cat 3, mb nella seconda cat dall'uncinetto, 3 mb nella cat successiva; lavorare sul lato opposto della cat nel rimanente anello, 2 mb nella cat successiva. (6)

```
    x  x  o
 x  o  o  x
    x  x
```

o = catenella (cat), x = maglia bassa (mb)

giro 2: 2 mb in ogni m sottostante per tutto il giro. (12)

giro 3: Lavorare solamente nell'anello posteriore della cat. Mb in ogni m sottostante per tutto il giro, mbss nella prima m, lasciare un filo lungo per cucire, chiudere. (12)

Con filo **nero**, ricama 2 linee sul muso.

Utilizza uno spillo per posizionare il muso sui giri 14-16 tra gli occhi e cucilo sulla testa, imbottire il musetto prima di cucire l'apertura chiusa.

Elefante

Testa
Con il colore **grigio**, seguire lo schema di base della **Testa** a pagina 22.

Orecchio
Farne 2.
Inizia il lavoro con mb sulle catenelle di base:

giro 1: Con il colore **grigio**, cat 7, mb nella seconda cat dall'uncinetto, mb nelle 4 cat successive, 3 mb nell'ultima cat; lavorare sul lato opposto della cat nel rimanente anello, mb nelle 4 cat successive, 2 mb nella cat successiva. (14)

```
      x  x  x  x  x  x  o
   x  o  o  o  o  o  o  x
      x  x  x  x  x  x
```

o = catenella (cat), x = maglia bassa (mb)

giro 2: 2 mb nella m seguente, mb nelle 4 m seguenti, 2 mb in ciascuna delle seguenti 3 m, mb nelle 4 m seguenti, 2 mb in ciascuna delle seguenti 2 m. (20)

giro 3: mb nella m seguente, 2 mb nella m seguente, mb nelle 5 m seguenti, 2 mb nella m seguente, (mb nella m seguente, 2 mb nella m seguente) 2 volte, mb nelle 5 m seguenti, 2 mb nella m seguente, mb nella m seguente, 2 mb nella m seguente. (26)

giro 4: mb nelle 2 m seguenti, 2 mb nella m seguente, mb nelle 6 m seguenti, 2 mb nella m seguente, (mb nelle 2 m seguenti, 2 mb nella m seguente) 2 volte, mb nelle 6 m seguenti, 2 mb nella m seguente, mb nelle 2 m seguenti, 2 mb nella m seguente. (32)

giro 5: mb in ogni m sottostante per tutto il giro. (32)

giro 6: mb nelle 10 m seguenti, 5 dim, mb nelle 12 m seguenti. (27)

giro 7: mb in ogni m sottostante per tutto il giro. (27)

giro 8: mb nelle 9 m seguenti, 4 dim, mb nelle 10 m seguenti. (23)

giro 9: mb in ogni m sottostante per tutto il giro, mbss nella prima m, lasciare un filo lungo per cucire, chiudere. (23)

Piegare la parte superiore dell'orecchio, circa 3 m e cucire in posizione.

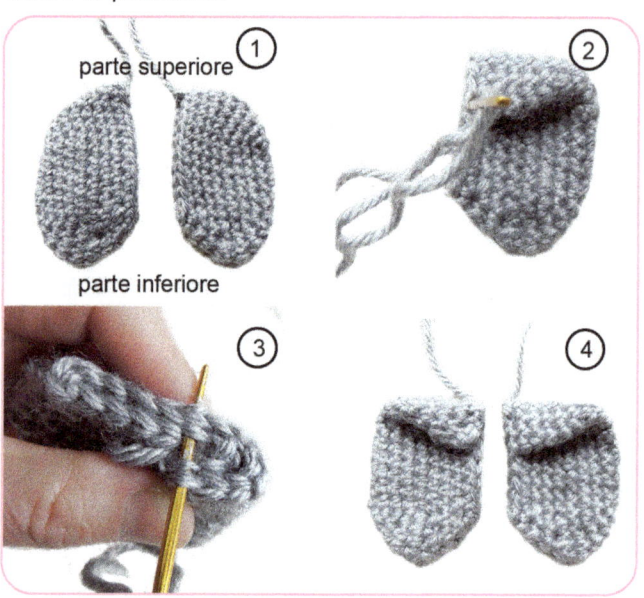

Con degli spilli, posizionare le orecchie all'altezza dei giri 8-14 e cucire in posizione.

La proboscide

giro 1: Con il colore **grigio**, 6 mb nel cerchio magico. (6)

giro 2: Lavorare solamente nell'anello posteriore della cat. mb in ogni m sottostante per tutto il giro. (6)

giro 3: 2 mb nella m seguente, mb nelle 5 m seguenti. (7)

giro 4-5: mb in ogni m sottostante per tutto il giro. (7)

giro 6: 2 mb nella m seguente, mb nelle 6 m seguenti. (8)

giro 7-8: mb in ogni m sottostante per tutto il giro. (8)

giro 9: 2 mb nella m seguente, mb nelle 7 m seguenti. (9)

giro 10-11: mb in ogni m sottostante per tutto il giro. (9)

giro 12: 2 mb nella m seguente, mb nelle 8 m seguenti. (10)

giro 13-14: mb in ogni m sottostante per tutto il giro. (10)

giro 15: mb nelle 4 m seguenti, 2 mb in ciascuna delle seguenti 3 m, mb nelle 3 m seguenti, mbss nella prima m, lasciare un filo lungo per cucire, chiudere. (13)

Non imbottire la proboscide, appiattire l'ultimo giro e cucire l'apertura chiusa con l'estremità del giro al centro come nella foto sotto.

Utilizza uno spillo per posizionare la proboscide dei giri 15-18 e cucire in posizione.

Coda

Con il colore **grigio**, segui lo schema di base della **Coda** a pagina 23.

Cane

Testa

Con il colore **marrone**, seguire lo schema di base della **Testa** a pagina 22.

Orecchio

giro 1: Con il colore **marrone scuro**, 6 mb nel cerchio magico. (6)

giro 2: 2 mb in ogni m sottostante per tutto il giro. (12)

giro 3: (mb nella m seguente, 2 mb nella m seguente) 6 volte. (18)

giro 4: (2 mb nella m seguente, mb nelle 2 m seguenti) 6 volte. (24)

giro 5-7: mb in ogni m sottostante per tutto il giro. (24)

giro 8: (mb nelle 2 m seguenti, 1 dim) 6 volte. (18)

giro 9-11: mb in ogni m sottostante per tutto il giro. (18)

giro 12: (1 dim, mb nelle 4 m seguenti) 3 volte. (15)

giro 13: mb in ogni m sottostante per tutto il giro. (15)

giro 14: (mb nelle 3 m seguenti, 1 dim) 3 volte. (12)

giro 15: mb in ogni m sottostante per tutto il giro. (12)

giro 16: mb in ogni m sottostante per tutto il giro, unire con mbss alla prima m. Lasciare un filo lungo per cucire, chiudere. (12)

Con degli spilli, posizionare le orecchie all'altezza dei giri 11 e cucire in posizione.

Muso

giro 1: Con il colore **crema**, 6 mb nel cerchio magico. (6)

giro 2: (2 mb nella m seguente, mb nella m seguente) 3 volte, mbss nella prima m, lasciare un filo lungo per cucire, chiudere. (9)

Con filo da ricamo **nero**, ricama il naso. Segui lo schema di base del **Muso** a pagina 21 come riferimento per ricamare il naso.

Con degli spilli, posizionare il musetto all'altezza dei giri 15-18 e cucire in posizione.

Coniglio

Orecchio
Farne 2.

giro 1: Con il colore **bianco**, 6 mb nel cerchio magico. (6)

giro 2: (mb nella m seguente, 2 mb nella m seguente) 3 volte. (9)

giro 3: (mb nelle 2 m seguenti, 2 mb nella m seguente) 3 volte. (12)

giro 4: (mb nelle 3 m seguenti, 2 mb nella m seguente) 3 volte. (15)

giro 5: (mb nelle 4 m seguenti, 2 mb nella m seguente) 3 volte. (18)

giro 6-15: mb in ogni m sottostante per tutto il giro. (18)

giro 16: (1 dim, mb nelle 4 m seguenti) 3 volte. (15)

giro 17-19: mb in ogni m sottostante per tutto il giro. (15)

giro 20: (1 dim, mb nelle 3 m seguenti) 3 volte. (12)

giro 21-22: mb in ogni m sottostante per tutto il giro. (12)

giro 23: mb in ogni m sottostante per tutto il giro, unire con mbss alla prima m. Lasciare un filo lungo per cucire, chiudere. (12)

Piega l'orecchio a metà e cuci insieme l'ultimo giro.

Testa
Con il colore **bianco**, seguire lo schema di base della **Testa** a pagina 22.

Naso
giro 1: Con il colore **bianco**, 6 mb nel cerchio magico. (6)

giro 2: (2 mb nella m seguente, mb nella m seguente) 3 volte, mbss nella prima m, lasciare un filo lungo per cucire, chiudere. (9)

Con filo da ricamo **nero**, ricama il naso. Segui lo schema di base del **Muso** a pagina 21 come riferimento per ricamare il naso.

Cuci il naso sui giri 14-17.

Ciglia
Con filo da ricamo **nero**, ricama le ciglia. (Guarda le foto delle **Ciglia** a pagina 23).

Cucire le orecchie al centro della testa come nella foto precedente del coniglio bianco o cuci le orecchie sul giro 9 della testa come nella foto del coniglio grigio qui sotto.

Scimmia

Testa

Con il colore **marrone**, seguire lo schema di base della **Testa** a pagina 22.

Orecchio

Lavora 4 cerchi: 2 in **crema** e 2 in **marrone**.

giro 1: 6 mb nel cerchio magico. (6)

giro 2: 2 mb in ogni m sottostante per tutto il giro, unire con mbss alla prima m, chiudere. (12)

giro 3: Facendo corrispondere le m, allinea un orecchio **marrone** e uno **crema**. Lavorando nel giro 2 attraverso entrambi gli strati. Con il lato **crema** rivolto verso di te, unisci il giro **marrone** sul giro 2 con mbss, cat 1, mb nella stessa m, 2 mb nella m seguente, (mb nella m seguente, 2 mb nella m seguente) 5 volte. (18)

giro 4: (2 mb nella m seguente, mb nelle 2 m seguenti) 5 volte, mbss nella prossima m. Lasciare un filo lungo per cucire, chiudere. (20)

Con degli spilli, posizionare le orecchie all'altezza dei giri 11-14 e cucire in posizione.

Come unire le 2 parti delle orecchie

Allineando le m, tenere le 2 parti con il lato posteriore insieme e lavorare l'uncinetto attraverso entrambi gli strati.

Coda

giro 1: Con il colore **marrone**, 4 mb nel cerchio magico. (4)

giro 2-16: mb in ogni m sottostante per tutto il giro. (4)

giro 17: mb in ogni m sottostante per tutto il giro, mbss nella prima m, lasciare un filo lungo per cucire, chiudere. (4)

Cucire la coda sul giro 5 del corpo.

Muso

Inizia il lavoro con mb sulle catenelle di base:

giro 1: Con il colore **crema**, cat 15, mb nella seconda cat dall'uncinetto, mb nelle 12 cat successive, 3 mb nella cat successiva; lavorare sul lato opposto della cat nel rimanente anello, mb nelle 12 cat successive, 2 mb nella cat successiva. (30)

giro 2: 2 mb nella m seguente, mb nelle 12 m seguenti, 2 mb in ciascuna delle seguenti 3 m, mb nelle 12 m seguenti, 2 mb in ciascuna delle seguenti 2 m. (36)

giro 3-4: mb in ogni m sottostante per tutto il giro. (36)

giro 5: mb in ogni m sottostante per tutto il giro, unire con mbss alla prima m. Lasciare un filo lungo per cucire, chiudere.

Utilizza uno spillo per posizionare la bocca sui giri 16-21, cucilo sulla testa e riempi prima di cucire l'apertura chiusa.

Bocca: Usa gli spilli per segnare la linea della bocca e usa il filo **nero** per ricamare la bocca.

Mucca

Testa

Con il colore **nero** (colore delle macchie) dove il testo è rosa e sottolineato. Con il colore **bianco** dove il testo è **nero**.

giro 1: 6 mb nel cerchio magico. (6)

giro 2: 2 mb in ogni m sottostante per tutto il giro. (12)

giro 3: (mb nella m seguente, 2 mb nella m seguente) 6 volte. (18)

giro 4: (2 mb nella m seguente, mb nelle 2 m seguenti) 6 volte. (24)

giro 5: (mb nelle 3 m seguenti, 2 mb nella m seguente) 2 volte, (mb nelle 3 m seguenti, 2 mb nella m seguente) 2 volte, (mb nelle 3 m seguenti, 2 mb nella m seguente) 2 volte. (30)

giro 6: mb nelle 2 m seguenti, 2 mb nella m seguente, mb nelle 4 m seguenti, 2 mb nella m seguente, (mb nelle 4 m seguenti, 2 mb nella m seguente) 2 volte, mb nelle 2 m seguenti, mb nelle 2 m seguenti, 2 mb nella m seguente, mb nelle 4 m seguenti, 2 mb nella m seguente, mb nelle 2 m seguenti. (36)

giro 7: mb nelle 5 m seguenti, 2 mb nella m seguente, mb nelle 4 m seguenti, mb nella m seguente, 2 mb nella m seguente, mb nelle 5 m seguenti, 2 mb nella m seguente, mb nelle 5 m seguenti, 2 mb nella m seguente, (mb nelle 5 m seguenti, 2 mb nella m seguente) 2 volte. (42)

giro 8: mb nelle 3 m seguenti, 2 mb nella m seguente, mb nelle 6 m seguenti, 2 mb nella m seguente, (mb nelle 6 m seguenti, 2 mb nella m seguente) 2 volte, (mb nelle 6 m seguenti, 2 mb nella m seguente) 2 volte, mb nelle 3 m seguenti. (48)

giro 9: (mb nelle 7 m seguenti, 2 mb nella m seguente) 2 volte, mb nelle 7 m seguenti, 2 mb nella m seguente, (mb nelle 7 m seguenti, 2 mb nella m seguente) 3 volte. (54)

giro 10-16: mb in ogni m sottostante per tutto il giro. (54)

giro 17: (mb nelle 7 m seguenti, 1 dim) 6 volte. (48)

giro 18: mb nelle 3 m seguenti, 1 dim, (mb nelle 6 m seguenti, 1 dim) 4 volte, mb nelle 3 m seguenti, mb nelle 3 m seguenti, 1 dim, mb nelle 3 m seguenti. (42)

giro 19: (mb nelle 5 m seguenti, 1 dim) 4 volte, mb nelle 5 m seguenti, 1 dim, mb nelle 5 m seguenti, 1 dim. (36)

giro 20: mb nelle 2 m seguenti, 1 dim, (mb nelle 4 m seguenti, 1 dim) 4 volte, mb nella m seguente, mb nelle 3 m seguenti, 1 dim, mb nelle 2 m seguenti. (30)

giro 21: (mb nelle 3 m seguenti, 1 dim) 6 volte. (24)

Inserire gli occhi a 7-8 maglie di distanza l'uno dall'altro all'altezza dei giri 14-15.

giro 22: (mb nelle 2 m seguenti, 1 dim) 6 volte. (18)

giro 23: (mb nella m seguente, 1 dim) 6 volte, mbss nella prima m, lasciare un filo lungo per cucire, chiudere. (12)

Imbottire bene la testa usando la punta delle forbici per spingere la fibra di imbottitura.

Muso

Inizia il lavoro con mb sulle catenelle di base:

giro 1: Con il colore **rosa chiaro**, cat 12, mb nella seconda cat dall'uncinetto, mb nelle 9 cat successive, 3 mb nella cat successiva; lavorare sul lato opposto della cat nel rimanente anello, mb nelle 9 cat successive, 2 mb nella cat successiva. (24)

x	x	x	x	x	x	x	x	x	x	x	o
x	o	o	o	o	o	o	o	o	o	o	x
x	x	x	x	x	x	x	x	x	x	x	

o = catenella (cat), x = maglia bassa (mb)

giro 2: 2 mb nella m seguente, mb nelle 9 m seguenti, 2 mb in ciascuna delle seguenti 3 m, mb nelle 9 m seguenti, 2 mb in ciascuna delle seguenti 2 m. (30)

giro 3-4: mb in ogni m sottostante per tutto il giro. (30)

giro 5: mb in ogni m sottostante per tutto il giro, mbss nella prima m, lasciare un filo lungo per cucire, chiudere. (30)

Utilizza uno spillo per posizionare il muso sui giri 15-21 tra gli occhi e cucire. Riempi prima di chiudere l'apertura.

Per creare le narici della mucca, con il filo nero ricama 2 linee verticali sul muso come mostrato nella foto.

Orecchio

Creane uno **bianco** e uno **nero**.

giro 1: 4 mb nel cerchio magico. (4)

giro 2: (mb nella m seguente, 2 mb nella m seguente) 2 volte. (6)

giro 3: (mb nella m seguente, 2 mb nella m seguente) 3 volte. (9)

giro 4: (mb nelle 2 m seguenti, 2 mb nella m seguente) 3 volte. (12)

giro 5: (mb nelle 3 m seguenti, 2 mb nella m seguente) 3 volte. (15)

giro 6-7: mb in ogni m sottostante per tutto il giro. (15)

giro 8: 6 dim, mb nelle 3 m seguenti. (9)

giro 9: 3 dim, mb nelle 3 m seguenti, mbss nella prima m, lasciare un filo lungo per cucire, chiudere. (6)

Piega le orecchie a metà e cucire sul giro 6 della testa.

Corna

giro 1: Con il colore **rosa chiaro**, 6 mb nel cerchio magico. (6)

giro 2: 2 mb nella m seguente, mb nelle 5 m seguenti. (7)

giro 3: mb nelle 6 m seguenti, 2 mb nella m seguente. (8)

giro 4: 2 mb nella m seguente, mb nelle 7 m seguenti. (9)

giro 5: mb nelle 8 m seguenti, 2 mb nella m seguente, mbss nella prima m, lasciare un filo lungo per cucire, chiudere. (10)

Utilizza uno spillo per posizionare le corna dei giri 3-5 e cucire, riempi prima di chiudere l'apertura.

Coda

Con il colore **bianco**, seguire lo schema di base della **Coda** a pagina 23.

Cucire la coda sul giro 6 del corpo.

Ciglia

Con filo da ricamo **nero**, ricama le ciglia. (Guarda le foto delle **Ciglia** a pagina 23.)

Topo

Testa

Con il colore **grigio**, seguire lo schema di base della **Testa** a pagina 22.

Orecchio

Lavora 4 cerchi: 2 in **grigio** e 2 in **rosa chiaro**.

giro 1: 6 mb nel cerchio magico. (6)

giro 2: 2 mb in ogni m sottostante per tutto il giro. (12)

giro 3: (2 mb nella m seguente, mb nella m seguente) 6 volte, unire con mbss alla prima m, chiudere. (18)

giro 4: Facendo corrispondere le m, allinea un orecchio **rosa** e uno **grigio**. Lavorando nel giro 3 attraverso entrambi gli strati. Con il lato del colore **rosa chiaro** rivolto verso di te, unire **grigio** sul giro 3 con mbss, cat 1, mb nella stessa m, 2 mb nella m seguente, (mb nelle 2 m seguenti, 2 mb nella m seguente) 5 volte, mb nella m seguente. (24)

Segui **Come unire le 2 parti delle orecchie** a pagina 31.

giro 5: (mb nelle 3 m seguenti, 2 mb nella m seguente) 5 volte, mb nella m seguente, mbss nella prossima m, lasciare un filo lungo per cucire, chiudere. (28)

Con degli spilli, posizionare le orecchie all'altezza dei giri 6-9 e cucire in posizione.

Muso

Con il colore **crema**, seguire lo schema di base del **Muso** a pagina 21.

Cucire il muso sui giri 14-17.

Coda

Con il colore **grigio**, cat 20, mbss nella seconda cat dall'uncinetto, mbss nelle prossime 18 cat, lasciare un filo lungo per cucire, chiudere. (19)

Cucire la coda sul giro 6 del corpo.

Dottore

Gamba

Farne 2.

Inizia il lavoro con mb sulle catenelle di base:

giro 1: Con il colore **bianco**, cat 5, mb nella seconda cat dall'uncinetto, mb nelle 2 cat successive, 3 mb nell'ultima cat; lavorare sul lato opposto della cat nel rimanente anello, mb nelle 2 cat successive, 2 mb nella cat successiva. (10)

giro 2: 2 mb nella m seguente, mb nelle 2 m seguenti, 2 mb in ciascuna delle seguenti 3 m, mb nelle 2 m seguenti, 2 mb in ciascuna delle seguenti 2 m. (16)

giro 3: mb nella m seguente, 2 mb nella m seguente, mb nelle 3 m seguenti, 2 mb nella m seguente, (mb nella m seguente, 2 mb nella m seguente) 2 volte, mb nelle 3 m seguenti, 2 mb nella m seguente, mb nella m seguente, 2 mb nella m seguente. (22)

giro 4: Lavorare solamente nell'anello posteriore della cat. mb in ogni m sottostante per tutto il giro. (22)

giro 5: mb nelle 6 m seguenti, 3 dim, mb nelle 10 m seguenti. (19)

giro 6: mb nelle 5 m seguenti, 3 dim, mb nelle 8 m seguenti, passando al **blu chiaro** negli ultimi 2 anelli dell'ultima m. (16)

giro 7: (mb nelle 2 m seguenti, 1 dim) 4 volte. (12) Imbottire piede.

giro 8-12: mb in ogni m sottostante per tutto il giro. (12)

giro 13: mb in ogni m sottostante per tutto il giro, chiudere. (12)

Corpo

giro 1: Con il colore **blu chiaro**, tenere le due gambe una accanto all'altra in modo che la parte interna delle cosce si tocchi. Inserire l'uncinetto nella maglia centrale della parte interna della coscia della **prima gamba** e tirare il filo attraverso la maglia della **seconda gamba** (come mostrato nell'immagine a pagina 22) cat 1, mb nella stessa m (Non contare questa maglia come punto, ma usarla solo per unire le due gambe insieme.), (2 mb nella m seguente, mb nelle 10 m seguenti) sulla **seconda gamba** (marcare la prima m), (2 mb nella m seguente, mb nelle 10 m seguenti) sulla **prima gamba**. (24)

giro 2: (mb nelle 2 m seguenti, 2 mb nella m seguente) 8 volte. Imbottire le gambe. (32)

giro 3: mb in ogni m sottostante per tutto il giro. (32)

giro 4: (mb nelle 7 m seguenti, 2 mb nella m seguente) 4 volte. (36)

giro 5: mb in ogni m sottostante per tutto il giro. (36)

giro 6: Lavorare solamente nell'anello posteriore della cat. mb in ogni m sottostante per tutto il giro. (36)

giro 7: (1 dim, mb nelle 7 m seguenti) 4 volte. (32)

giro 8: mb in ogni m sottostante per tutto il giro. (32)

giro 9: mb nelle 3 m seguenti, 1 dim, (mb nelle 6 m seguenti, 1 dim) 3 volte, mb nelle 3 m seguenti. (28)

giro 10: mb in ogni m sottostante per tutto il giro. (28)

giro 11: (1 dim, mb nelle 5 m seguenti) 4 volte. (24)

giro 12: mb in ogni m sottostante per tutto il giro. (24)

giro 13: mb nelle 2 m seguenti, 1 dim, (mb nelle 4 m seguenti, 1 dim) 3 volte, mb nelle 2 m seguenti. (20)

giro 14: mb in ogni m sottostante per tutto il giro. (20)

giro 15: (1 dim, mb nelle 3 m seguenti) 4 volte. (16)

giro 16: mb in ogni m sottostante per tutto il giro. (16)

giro 17: (1 dim, mb nelle 2 m seguenti) 4 volte. Lasciare un filo lungo per cucire, chiudere. (12)

Bordo della Camicia

giro 1: Lavorando nell'anello anteriore della maglia del giro 5 del corpo e con la testa rivolta verso di te. Con il colore **blu chiaro**, unire con mbss, cat 1, mb nella stessa m, mb in ogni m sottostante per tutto il giro. (36)

giro 2: mb in ogni m sottostante per tutto il giro, unire con mbss alla prima m. Chiudere.

Braccio

Farne 2 e riempire solo le mani.

giro 1: Con il colore **marrone**, 6 mb nel cerchio magico. (6)

giro 2: (mb nella m seguente, 2 mb nella m seguente) 3 volte. (9)

giro 3: mb in ogni m sottostante per tutto il giro. (9)

giro 4: (1 dim, mb nella m seguente) 3 volte, passando al **bianco** negli ultimi 2 anelli dell'ultima m. (6) Imbottire la mano.

giro 5-14: mb in ogni m sottostante per tutto il giro. (6)

giro 15: mb in ogni m sottostante per tutto il giro, mbss nella prima m, lasciare un filo lungo per cucire, chiudere. (6)

Camice

Da lavorare in righe.

riga 1: Con **bianco**, cat 17, mb nella seconda cat dall'uncinetto, mb in 15 cat, girare. (16)

riga 2: cat 1, 2 mb nella prima m, (mb nelle 4 m seguenti, 2 mb nella m seguente) 3 volte, girare. (20)

riga 3: cat 1, mb in ogni m, girare. (20)

riga 4: cat 1, 2 mb nella prima m, mb nelle 5 m seguenti, 2 mb nella m seguente, mb nelle 6 m seguenti, 2 mb nella m seguente, mb nelle 5 m seguenti, 2 mb nella m seguente, girare. (24)

riga 5: cat 1, mb in ogni m, girare. (24)

riga 6: cat 1, 2 mb nella prima m, mb nelle 7 m seguenti, 2 mb nella m seguente, mb nelle 6 m seguenti, 2 mb nella m seguente, mb nelle 7 m seguenti, 2 mb nella m seguente, girare. (28)

riga 7: cat 1, mb in ogni m, girare. (28)

riga 8: cat 1, 2 mb nella prima m, mb nelle 8 m seguenti, 2 mb nella m seguente, mb nelle 8 m seguenti, 2 mb nella m seguente, mb nelle 8 m seguenti, 2 mb nella m seguente, girare. (32)

riga 9: cat 1, mb in ogni m, girare. (32)

riga 10: cat 1, 2 mb nella prima m, mb nelle 9 m seguenti, 2 mb nella m seguente, mb nelle 10 m seguenti, 2 mb nella m seguente, mb nelle 9 m seguenti, 2 mb nella m seguente, girare. (36)

riga 11: cat 1, mb in ogni m, girare. (36)

riga 12: cat 1, mb nelle 17 m seguenti, 2 mb in ciascuna delle seguenti 2 m, mb nelle 17 m seguenti, girare. (38)

riga 13-18: cat 1, mb in ogni m, girare. (38)

riga 19: cat 1, mb in ogni m mb in ogni m fino alla fine della riga e mb tutto intorno al bordo, chiudere.

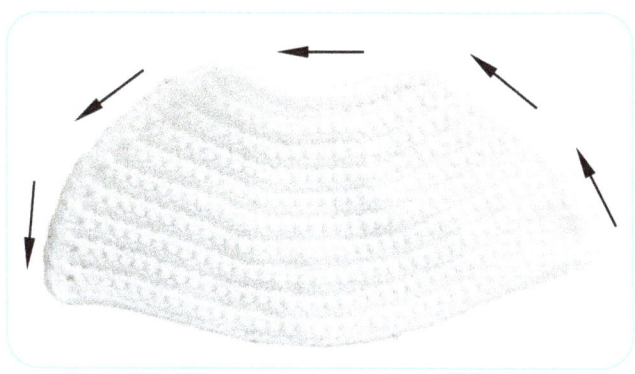

Tasca

Farne 2.

Da lavorare in righe.

riga 1: Con **bianco**, cat 6, mb nella seconda cat dall'uncinetto, mb in 4 cat, girare. (5)

riga 2-3: cat 1, mb in ogni m, girare. (5)

riga 4: cat 1, mb in ogni m, chiudere.

Testa

Segui lo schema della **Testa** a pagina 22 e dell'**Orso** a pagina 25.

Assemblaggio

- Cucire la testa al corpo.
- Avvolgere la veste attorno al corpo e usare degli spilli per mantenerla in posizione.
- Cucire le braccia al corpo.
- Cucire le tasche sulla parte anteriore del camice, a destra e a sinistra.

Infermiera

Gamba
Farne 2.
Inizia il lavoro con mb sulle catenelle di base:

giro 1: Con il colore **bianco**, cat 5, mb nella seconda cat dall'uncinetto, mb nelle 2 cat successive, 3 mb nell'ultima cat; lavorare sul lato opposto della cat nel rimanente anello, mb nelle 2 cat successive, 2 mb nella cat successiva. (10)

giro 2: 2 mb nella m seguente, mb nelle 2 m seguenti, 2 mb in ciascuna delle seguenti 3 m, mb nelle 2 m seguenti, 2 mb in ciascuna delle seguenti 2 m. (16)

giro 3: mb nella m seguente, 2 mb nella m seguente, mb nelle 3 m seguenti, 2 mb nella m seguente, (mb nella m seguente, 2 mb nella m seguente) 2 volte, mb nelle 3 m seguenti, 2 mb nella m seguente, mb nella m seguente, 2 mb nella m seguente. (22)

giro 4: Lavorare solamente nell'anello posteriore della cat. mb in ogni m sottostante per tutto il giro. (22)

giro 5: mb nelle 6 m seguenti, 3 dim, mb nelle 10 m seguenti. (19)

giro 6: mb nelle 5 m seguenti, 3 dim, mb nelle 8 m seguenti, passando al **giallo** negli ultimi 2 anelli dell'ultima m. (16)

giro 7: Lavorare solamente nell'anello posteriore della cat. (mb nelle 2 m seguenti, 1 dim) 4 volte. (12) Imbottire piede.

giro 8-12: mb in ogni m sottostante per tutto il giro. (12)

giro 13: mb in ogni m sottostante per tutto il giro, chiudere. (12)

Corpo

giro 1: Con il colore **bianco**, tenere le due gambe una accanto all'altra in modo che la parte interna delle cosce si tocchi. Inserire l'uncinetto nella maglia centrale della parte interna della coscia della **prima gamba** e tirare il filo attraverso la maglia della **seconda gamba** (come mostrato nell'immagine a pagina 22), cat 1, mb nella stessa m (Non contare questa maglia come punto, ma usarla solo per unire le due gambe insieme.), (2 mb nella m seguente, mb nelle 10 m seguenti) sulla **seconda gamba** (marcare la prima m), (2 mb nella m seguente, mb nelle 10 m seguenti) sulla **prima gamba**. (24)

giro 2: (mb nelle 2 m seguenti, 2 mb nella m seguente) 8 volte. Imbottire le gambe. (32)

giro 3: mb in ogni m sottostante per tutto il giro. (32)

giro 4: (mb nelle 7 m seguenti, 2 mb nella m seguente) 4 volte. (36)

giro 5: mb in ogni m sottostante per tutto il giro. (36)

giro 6: Lavorare solamente nell'anello posteriore della cat. mb in ogni m sottostante per tutto il giro. (36)

giro 7: (1 dim, mb nelle 7 m seguenti) 4 volte. (32)

giro 8: mb in ogni m sottostante per tutto il giro. (32)

giro 9: mb nelle 3 m seguenti, 1 dim, (mb nelle 6 m seguenti, 1 dim) 3 volte, mb nelle 3 m seguenti. (28)

giro 10: mb in ogni m sottostante per tutto il giro. (28)

giro 11: (1 dim, mb nelle 5 m seguenti) 4 volte. (24)

giro 12: mb in ogni m sottostante per tutto il giro. (24)

giro 13: mb nelle 2 m seguenti, 1 dim, (mb nelle 4 m seguenti, 1 dim) 3 volte, mb nelle 2 m seguenti. (20)

giro 14: mb in ogni m sottostante per tutto il giro. (20)

giro 15: (1 dim, mb nelle 3 m seguenti) 4 volte. (16)

giro 16: mb in ogni m sottostante per tutto il giro. (16)

giro 17: (1 dim, mb nelle 2 m seguenti) 4 volte. Lasciare un filo lungo per cucire, chiudere. (12)

Gonna

giro 1: Lavorando nell'anello anteriore della maglia del giro 5 del corpo e con la testa rivolta verso di te. Con il colore **bianco**, unire con mbss, cat 1, mb nella stessa m, mb in ogni m sottostante per tutto il giro. (36)

giro 2: (mb nelle 11 m seguenti, 2 mb nella m seguente) 3 volte. (39)

giro 3-6: mb in ogni m sottostante per tutto il giro. (39)

giro 7: mb in ogni m sottostante per tutto il giro, unire con mbss alla prima m. Chiudere.

Braccio
Farne 2 e riempire solo le mani.

giro 1: Con il colore **giallo**, 6 mb nel cerchio magico. (6)

giro 2: (mb nella m seguente, 2 mb nella m seguente) 3 volte. (9)

giro 3: mb in ogni m sottostante per tutto il giro. (9)

giro 4: (mb nella m seguente, 1 dim) 3 volte. (6) Imbottire la mano.

giro 5-10: mb in ogni m sottostante per tutto il giro. (6)

giro 11: mb in ogni m sottostante per tutto il giro, passando al **bianco** negli ultimi 2 anelli dell'ultima m. (6)

giro 12-14: mb in ogni m sottostante per tutto il giro. (6)

giro 15: mb in ogni m sottostante per tutto il giro, mbss nella prima m, lasciare un filo lungo per cucire, chiudere. (6)

Cuffia da Infermiera

Da lavorare in righe.

riga 1: Con il colore **bianco**, cat 16, mb nella seconda cat dall'uncinetto, mb in ogni cat sottostante per tutta la riga, girare. (15)

riga 2: cat 1, mb in ogni m sottostante per tutta la riga, girare. (15)

riga 3: Lavorare solamente nell'anello posteriore della cat. cat 1, mb in ogni m sottostante per tutta la riga, girare. (15)

riga 4: cat 1, mb in ogni m sottostante per tutta la riga, chiudere. (15)

riga 5: nella parte centrale, lavorare nella quinta m sulla riga 4, cat 1, mb nelle 7 m seguenti, girare. (7)

riga 6: cat 1, mb in ogni m sottostante per tutta la riga, girare. (7)

riga 7: cat 1, mb unendo le prime 2 m insieme, mb nelle 3 m seguenti, 1 dim, lasciare un filo lungo per cucire, chiudere. (5).

Cucire lato 1 al 2 e cucire lato 3 al 4.

Testa e coda

Con il colore **giallo**, seguire lo schema di base della **Testa** a pagina 22 e del **Gatto** a pagina 25.

Colletto

Con il colore **bianco**, seguire lo schema di base del **Colletto** a pagina 21.

Assemblaggio

- Cucire la testa al corpo.
- Cucire le braccia al corpo.
- Cucire la coda sui giri 6-7, al centro della parte posteriore del corpo.
- Avvolgere il colletto intorno al collo e cucire.
- Mettere la cuffietta da infermiera e cuci sulla testa.

Cuoco

Gamba

Farne 2.

Inizia il lavoro con mb sulle catenelle di base:

giro 1: Con il colore **nero**, cat 5, mb nella seconda cat dall'uncinetto, mb nelle 2 cat successive, 3 mb nell'ultima cat; lavorare sul lato opposto della cat nel rimanente anello, mb nelle 2 cat successive, 2 mb nella cat successiva. (10)

giro 2: 2 mb nella m seguente, mb nelle 2 m seguenti, 2 mb in ciascuna delle seguenti 3 m, mb nelle 2 m seguenti, 2 mb in ciascuna delle seguenti 2 m. (16)

giro 3: mb nella m seguente, 2 mb nella m seguente, mb nelle 3 m seguenti, 2 mb nella m seguente, (mb nella m seguente, 2 mb nella m seguente) 2 volte, mb nelle 3 m seguenti, 2 mb nella m seguente, mb nella m seguente, 2 mb nella m seguente. (22)

giro 4: Lavorare solamente nell'anello posteriore della cat. mb in ogni m sottostante per tutto il giro. (22)

giro 5: mb nelle 6 m seguenti, 3 dim, mb nelle 10 m seguenti. (19)

giro 6: mb nelle 5 m seguenti, 3 dim, mb nelle 8 m seguenti. (16)

giro 7: (mb nelle 2 m seguenti, 1 dim) 4 volte. (12) Imbottire piede.

giro 8-12: mb in ogni m sottostante per tutto il giro. (12)

giro 13: mb in ogni m sottostante per tutto il giro, chiudere. (12)

Corpo

giro 1: Con il colore **nero**, tenere le due gambe una accanto all'altra in modo che la parte interna delle cosce si tocchi. Inserire l'uncinetto nella maglia centrale della parte interna della coscia della **prima gamba** e tirare il filo attraverso la maglia della **seconda gamba** (come mostrato nell'immagine a pagina 22), cat 1, mb nella stessa m (Non contare questa maglia come punto, ma usarla solo per unire le due gambe insieme.), (2 mb nella m seguente, mb nelle 10 m seguenti) sulla **seconda gamba** (marcare la prima m), (2 mb nella m seguente, mb nelle 10 m seguenti) sulla **prima gamba**. (24)

giro 2: (mb nelle 2 m seguenti, 2 mb nella m seguente) 8 volte. Imbottire le gambe. (32)

giro 3: mb in ogni m sottostante per tutto il giro. (32)

giro 4: (mb nelle 7 m seguenti, 2 mb nella m seguente) 4 volte, passando al **bianco** negli ultimi 2 anelli dell'ultima m. (36)

giro 5: mb in ogni m sottostante per tutto il giro. (36)

giro 6: Lavorare solamente nell'anello posteriore della cat. mb in ogni m sottostante per tutto il giro. (36)

giro 7: (1 dim, mb nelle 7 m seguenti) 4 volte. (32)

giro 8: mb in ogni m sottostante per tutto il giro. (32)

giro 9: mb nelle 3 m seguenti, 1 dim, (mb nelle 6 m seguenti, 1 dim) 3 volte, mb nelle 3 m seguenti. (28)

giro 10: mb in ogni m sottostante per tutto il giro. (28)

giro 11: (1 dim, mb nelle 5 m seguenti) 4 volte. (24)

giro 12: mb in ogni m sottostante per tutto il giro. (24)

giro 13: mb nelle 2 m seguenti, 1 dim, (mb nelle 4 m seguenti, 1 dim) 3 volte, mb nelle 2 m seguenti. (20)

giro 14: mb in ogni m sottostante per tutto il giro. (20)

giro 15: (1 dim, mb nelle 3 m seguenti) 4 volte. (16)

giro 16: mb in ogni m sottostante per tutto il giro. (16)

giro 17: (1 dim, mb nelle 2 m seguenti) 4 volte. Lasciare un filo lungo per cucire, chiudere. (12)

Bordo della Camicia

giro 1: Lavorando nell'anello anteriore della maglia del giro 5 del corpo e con la testa rivolta verso di te. Con il colore **bianco**, unire con mbss, cat 1, mb nella stessa m, mb in ogni m sottostante per tutto il giro. (36)

giro 2: mb in ogni m sottostante per tutto il giro, unire con mbss alla prima m. Chiudere.

Braccio

Farne 2 e riempire solo le mani.

giro 1: Con il colore **rosa chiaro**, 6 mb nel cerchio magico. (6)

giro 2: (mb nella m seguente, 2 mb nella m seguente) 3 volte. (9)

giro 3: mb in ogni m sottostante per tutto il giro. (9)

giro 4: (1 dim, mb nella m seguente) 3 volte, passando al **bianco** negli ultimi 2 anelli dell'ultima m. (6) Imbottire la mano.

giro 5-14: mb in ogni m sottostante per tutto il giro. (6)

giro 15: mb in ogni m sottostante per tutto il giro, mbss nella prima m, lasciare un filo lungo per cucire, chiudere. (6)

Cappello

giro 1: Con il colore **bianco**, 6 mb nel cerchio magico. (6)

giro 2: 2 mb in ogni m sottostante per tutto il giro. (12)

giro 3: (mb nella m seguente, 2 mb nella m seguente) 6 volte. (18)

giro 4: (2 mb nella m seguente, mb nelle 2 m seguenti) 6 volte. (24)

giro 5: (mb nelle 3 m seguenti, 2 mb nella m seguente) 6 volte. (30)

giro 6: mb nelle 2 m seguenti, 2 mb nella m seguente, (mb nelle 4 m seguenti, 2 mb nella m seguente) 5 volte, mb nelle 2 m seguenti. (36)

giro 7: (mb nelle 5 m seguenti, 2 mb nella m seguente) 6 volte. (42)

giro 8: mb nelle 3 m seguenti, 2 mb nella m seguente, (mb nelle 6 m seguenti, 2 mb nella m seguente) 5 volte, mb nelle 3 m seguenti. (48)

giro 9: (mb nelle 7 m seguenti, 2 mb nella m seguente) 6 volte. (54)

giro 10: (saltare 2 m, mb nelle 4 m seguenti) 9 volte. (36)

giro 11: (saltare la m successiva, mb nelle 3 m seguenti) 9 volte. (27)

giro 12: mb in ogni m sottostante per tutto il giro. (27)

giro 13: mb in ogni m sottostante per tutto il giro, mbss nella prima m, lasciare un filo lungo per cucire, chiudere. (27)

un filo lungo per cucire, chiudere. (34)

Testa e coda

Con il colore **rosa chiaro**, seguire lo schema di base della **Testa** a pagina 22 e del **Maialino** a pagina 27.

Assemblaggio

- Cucire la testa al corpo.
- Cucire le braccia al corpo.
- Cucire la coda sul giro 6 del corpo.
- Utilizza uno spillo per posizionare il cappello nella parte centrale della testa e cucire. Riempi il cappello con la fibra sintetica prima di chiudere l'apertura.
- Lega la sciarpa intorno al collo.

Sciarpa

Da lavorare in righe.

riga 1: Con il colore **rosso**, cat 35, mb nella seconda cat dall'uncinetto, mb nelle 33 cat successive, lasciare

Poliziotto

Gamba

Farne 2. Inizia il lavoro con mb sulle catenelle di base:

giro 1: Con il colore **nero**, cat 5, mb nella seconda cat dall'uncinetto, mb nelle 2 cat successive, 3 mb nell'ultima cat; lavorare sul lato opposto della cat nel rimanente anello, mb nelle 2 cat successive, 2 mb nella cat successiva. (10)

giro 2: 2 mb nella m seguente, mb nelle 2 m seguenti, 2 mb in ciascuna delle seguenti 3 m, mb nelle 2 m seguenti, 2 mb in ciascuna delle seguenti 2 m. (16)

giro 3: mb nella m seguente, 2 mb nella m seguente, mb nelle 3 m seguenti, 2 mb nella m seguente, (mb nella m seguente, 2 mb nella m seguente) 2 volte, mb nelle 3 m seguenti, 2 mb nella m seguente, mb nella m seguente, 2 mb nella m seguente. (22)

giro 4: Lavorare solamente nell'anello posteriore della cat. mb in ogni m sottostante per tutto il giro. (22)

giro 5: mb nelle 6 m seguenti, 3 dim, mb nelle 10 m seguenti. (19)

giro 6: mb nelle 5 m seguenti, 3 dim, mb nelle 8 m seguenti, passando al **blu marino** negli ultimi 2 anelli dell'ultima m. (16)

giro 7: (mb nelle 2 m seguenti, 1 dim) 4 volte. (12) Imbottire piede.

giro 8-12: mb in ogni m sottostante per tutto il giro. (12)

giro 13: mb in ogni m sottostante per tutto il giro, chiudere. (12)

Corpo

giro 1: Con **blu marino**, tenere le due gambe una accanto all'altra in modo che la parte interna delle cosce si tocchi. Inserire l'uncinetto nella maglia centrale della parte interna della coscia della **prima gamba** e tirare il filo attraverso la maglia della **seconda gamba** (come mostrato nell'immagine a pagina 22), cat 1, mb nella stessa m (Non contare questa maglia come punto, ma usarla solo per unire le due gambe insieme.), (2 mb nella m seguente, mb nelle 10 m seguenti) sulla **seconda gamba** (marcare la prima m), (2 mb nella m seguente, mb nelle 10 m seguenti) sulla **prima gamba**. (24)

giro 2: (mb nelle 2 m seguenti, 2 mb nella m seguente) 8 volte. Imbottire le gambe. (32)

giro 3: mb in ogni m sottostante per tutto il giro. (32)

giro 4: (mb nelle 7 m seguenti, 2 mb nella m seguente) 4 volte. (36)

giro 5-6: mb in ogni m sottostante per tutto il giro. (36)

giro 7: (1 dim, mb nelle 7 m seguenti) 4 volte. (32)

giro 8: mb in ogni m sottostante per tutto il giro. (32)

giro 9: mb nelle 3 m seguenti, 1 dim, (mb nelle 6 m seguenti, 1 dim) 3 volte, mb nelle 3 m seguenti. (28)

giro 10: mb in ogni m sottostante per tutto il giro. (28)

giro 11: (1 dim, mb nelle 5 m seguenti) 4 volte. (24)

giro 12: mb in ogni m sottostante per tutto il giro. (24)

giro 13: mb nelle 2 m seguenti, 1 dim, (mb nelle 4 m seguenti, 1 dim) 3 volte, mb nelle 2 m seguenti. (20)

giro 14: mb in ogni m sottostante per tutto il giro. (20)

giro 15: (1 dim, mb nelle 3 m seguenti) 4 volte. (16)

giro 16: mb in ogni m sottostante per tutto il giro. (16)

giro 17: (1 dim, mb nelle 2 m seguenti) 4 volte. Lasciare un filo lungo per cucire, chiudere. (12)

Testa e coda

Fai riferimento allo schema della **Tigre** a pagina 26 o del **Gatto** a pagina 25.

Braccio

Farne 2 e riempire solo le mani.

giro 1: Con il colore **arancione**, 6 mb nel cerchio magico. (6)

giro 2: (mb nella m seguente, 2 mb nella m seguente) 3 volte. (9)

giro 3: mb in ogni m sottostante per tutto il giro. (9)

giro 4: (1 dim, mb nella m seguente) 3 volte, passando al **blu marino** negli ultimi 2 anelli dell'ultima m. (6) Imbottire la mano.

giro 5-14: mb in ogni m sottostante per tutto il giro. (6)

giro 15: mb in ogni m sottostante per tutto il giro, mbss nella prima m, lasciare un filo lungo per cucire, chiudere. (6)

Cravatta

giro 1: Con il colore **nero**, 6 mb nel cerchio magico. (6)

giro 2: (2 mb nella m seguente, mb nella m seguente) 3 volte. (9)

giro 3: (1 dim, mb nella m seguente) 3 volte. (6)

giro 4: 1 dim, mb nelle 4 m seguenti. (5)

giro 5-6: mb in ogni m sottostante per tutto il giro. (5)

giro 7: mb in ogni m sottostante per tutto il giro, unire con mbss nella m successiva, lasciare un filo lungo per cucire, chiudere.

Cappello

giro 1: Con **blu marino**, 6 mb nel cerchio magico. (6)

giro 2: 2 mb in ogni m sottostante per tutto il giro. (12)

giro 3: (mb nella m seguente, 2 mb nella m seguente) 6 volte. (18)

giro 4: (mb nelle 2 m seguenti, 2 mb nella m seguente) 6 volte. (24)

giro 5: (mb nelle 3 m seguenti, 2 mb nella m seguente) 6 volte. (30)

giro 6: (mb nelle 4 m seguenti, 2 mb nella m seguente) 6 volte. (36)

giro 7: (mb nelle 5 m seguenti, 2 mb nella m seguente) 6 volte. (42)

giro 8: (mb nelle 6 m seguenti, 2 mb nella m seguente) 6 volte. (48)

giro 9: Lavorare solamente nell'anello posteriore della cat. (mb nelle 6 m seguenti, 1 dim) 6 volte. (42)

giro 10: mb in ogni m sottostante per tutto il giro. (42)

giro 11: (mb nelle 5 m seguenti, 1 dim) 6 volte. (36)

giro 12: mb in ogni m sottostante per tutto il giro, passando al **nero** negli ultimi 2 anelli dell'ultima m. (36)

giro 13: mb in ogni m sottostante per tutto il giro. (36)

giro 14: Visiera: mb nella m seguente, 2 mma nella 11 m seguente, mb nella m seguente, mbss nella prossima m, lasciare un filo lungo per cucire, chiudere. (24)

Distintivo

Da lavorare in righe.

riga 1: Con il colore **giallo**, cat 4, mb nella seconda cat dall'uncinetto, mb nelle 2 cat successive, girare. (3)

riga 2: cat 1, mb in ogni m sottostante per tutta la riga, girare. (3)

riga 3: cat 1, mb unendo le successive 3 m insieme, lasciare un filo lungo per cucire, chiudere. (1)
Cucire il distintivo sul cappello.

Colletto

Con il colore **azzurro**, seguire lo schema di base del **Colletto** a pagina 21.

Cintura

Con il colore **nero**, seguire lo schema di base della **Cintura** a pagina 21.

Assemblaggio

- Cucire la testa al corpo.
- Cucire le braccia al corpo.
- Cucire la cintura sui giri 5-6 e usa il filo **giallo** per ricama una fibbia. (Seguire lo schema di base della **Cintura** a pagina 21 su come ricamare la fibbia.)
- Cucire la cravatta al centro del corpo (sulla parte davanti).
- Avvolgere il colletto intorno al collo e cucire.
- Cucire il cappello nella parte superiore della testa. Imbottire il cappello prima di cucire l'apertura chiusa.
- Cucire la coda sul giro 5 del corpo.

Pompiere

Gamba

Farne 2. Inizia il lavoro con mb sulle catenelle di base:

giro 1: Con il colore **nero**, cat 5, mb nella seconda cat dall'uncinetto, mb nelle 2 cat successive, 3 mb nell'ultima cat; lavorare sul lato opposto della cat nel rimanente anello, mb nelle 2 cat successive, 2 mb nella cat successiva. (10)

giro 2: 2 mb nella m seguente, mb nelle 2 m seguenti, 2 mb in ciascuna delle seguenti 3 m, mb nelle 2 m seguenti, 2 mb in ciascuna delle seguenti 2 m. (16)

giro 3: mb nella m seguente, 2 mb nella m seguente, mb nelle 3 m seguenti, 2 mb nella m seguente, (mb nella m seguente, 2 mb nella m seguente) 2 volte, mb nelle 3 m seguenti, 2 mb nella m seguente, mb nella m seguente, 2 mb nella m seguente. (22)

giro 4: Lavorare solamente nell'anello posteriore della cat. mb in ogni m sottostante per tutto il giro. (22)

giro 5: mb nelle 6 m seguenti, 3 dim, mb nelle 10 m seguenti. (19)

giro 6: mb nelle 5 m seguenti, 3 dim, mb nelle 8 m seguenti, passando al **rosso** negli ultimi 2 anelli dell'ultima m. (16)

giro 7: (mb nelle 2 m seguenti, 1 dim) 4 volte. (12) Imbottire piede.

giro 8: mb in ogni m sottostante per tutto il giro, passando al **giallo** negli ultimi 2 anelli dell'ultima m. (12)

giro 9: mb in ogni m sottostante per tutto il giro, passando al **rosso** negli ultimi 2 anelli dell'ultima m. (12)

giro 10-12: mb in ogni m sottostante per tutto il giro. (12)

giro 13: mb in ogni m sottostante per tutto il giro, chiudere. (12)

Corpo

giro 1: Con il colore **rosso**, tenere le due gambe una accanto all'altra in modo che la parte interna delle cosce si tocchi. Inserire l'uncinetto nella maglia centrale della parte interna della coscia della **prima gamba** e tirare il filo attraverso la maglia della **seconda gamba** (come mostrato nell'immagine a pagina 22), cat 1, mb nella stessa m (Non contare questa maglia come punto, ma usarla solo per unire le due gambe insieme.), (2 mb nella m seguente, mb nelle 10 m seguenti) sulla **seconda gamba** (marcare la prima m), (2 mb nella m seguente, mb nelle 10 m seguenti) sulla **prima gamba**. (24)

giro 2: (mb nelle 2 m seguenti, 2 mb nella m seguente) 8 volte. Imbottire le gambe. (32)

giro 3: mb in ogni m sottostante per tutto il giro. (32)

giro 4: (mb nelle 7 m seguenti, 2 mb nella m seguente) 4 volte. (36)

giro 5: mb in ogni m sottostante per tutto il giro, passando al **giallo** negli ultimi 2 anelli dell'ultima m. (36)

giro 6: Lavorare solamente nell'anello posteriore della cat. mb in ogni m sottostante per tutto il giro, passando al **rosso** negli ultimi 2 anelli dell'ultima m. (36)

giro 7: (1 dim, mb nelle 7 m seguenti) 4 volte. (32)

giro 8: mb in ogni m sottostante per tutto il giro. (32)

giro 9: mb nelle 3 m seguenti, 1 dim, (mb nelle 6 m seguenti, 1 dim) 3 volte, mb nelle 3 m seguenti. (28)

giro 10: mb in ogni m sottostante per tutto il giro. (28)

giro 11: (1 dim, mb nelle 5 m seguenti) 4 volte. (24)

giro 12: mb in ogni m sottostante per tutto il giro. (24)

giro 13: mb nelle 2 m seguenti, 1 dim, (mb nelle 4 m seguenti, 1 dim) 3 volte, mb nelle 2 m seguenti, passando al **giallo** negli ultimi 2 anelli dell'ultima m. (20)

giro 14: mb in ogni m sottostante per tutto il giro, passando al **rosso** negli ultimi 2 anelli dell'ultima m. (20)

giro 15: (1 dim, mb nelle 3 m seguenti) 4 volte. (16)

giro 16: mb in ogni m sottostante per tutto il giro. (16)

giro 17: (1 dim, mb nelle 2 m seguenti) 4 volte. Lasciare un filo lungo per cucire, chiudere. (12)

Bordo della Camicia

giro 1: Lavorando nell'anello anteriore della maglia del giro 5 del corpo e con la testa rivolta verso di te. Con il colore **rosso**, unire con mbss, cat 1, mb nella stessa m, mb in ogni m sottostante per tutto il giro. (36)

giro 2: mb in ogni m sottostante per tutto il giro, unire con mbss alla prima m. Chiudere.

Testa e coda

Fare riferimento all'**Elefante** a pagina 28.

Braccio

Farne 2 e riempire solo le mani.

giro 1: Con il colore **grigio**, 6 mb nel cerchio magico. (6)

giro 2: (mb nella m seguente, 2 mb nella m seguente) 3 volte. (9)

giro 3: mb in ogni m sottostante per tutto il giro. (9)

giro 4: (1 dim, mb nella m seguente) 3 volte, passando al **rosso** negli ultimi 2 anelli dell'ultima m. (6) Imbottire la mano.

giro 5: mb in ogni m sottostante per tutto il giro, passando al **giallo** negli ultimi 2 anelli dell'ultima m. (6)

giro 6: mb in ogni m sottostante per tutto il giro, passando al **rosso** negli ultimi 2 anelli dell'ultima m. (6)

giro 7-10: mb in ogni m sottostante per tutto il giro. (6)

giro 11: mb in ogni m sottostante per tutto il giro, passando al **giallo** negli ultimi 2 anelli dell'ultima m. (6)

giro 12: mb in ogni m sottostante per tutto il giro, passando al **rosso** negli ultimi 2 anelli dell'ultima m. (6)

giro 13-14: mb in ogni m sottostante per tutto il giro. (6)

giro 15: mb in ogni m sottostante per tutto il giro, mbss nella prima m, lasciare un filo lungo per cucire, chiudere. (6)

Colletto

Con il **rosso**, seguire il **Colletto** a pagina 21.

Cappello

giro 1: Con il colore **rosso**, 6 mb nel cerchio magico. (6)

giro 2: 2 mb in ogni m sottostante per tutto il giro. (12)

giro 3: (mb nella m seguente, 2 mb nella m seguente) 6 volte. (18)

giro 4: (2 mb nella m seguente, mb nelle 2 m seguenti) 6 volte. (24)

giro 5: (mb nelle 3 m seguenti, 2 mb nella m seguente) 6 volte. (30)

giro 6: mb nelle 2 m seguenti, 2 mb nella m seguente, (mb nelle 4 m seguenti, 2 mb nella m seguente) 5 volte, mb nelle 2 m seguenti. (36)

giro 7-10: mb in ogni m sottostante per tutto il giro. (36)

giro 11: (ma nella m seguente, 2 ma nella m seguente) 6 volte, (mb nella m seguente, 2 mb nella m seguente) 12 volte. (54)

giro 12: mb nelle 18 m seguenti, mbss nella prossima 36 m, lasciare un filo lungo per cucire, chiudere. (54)

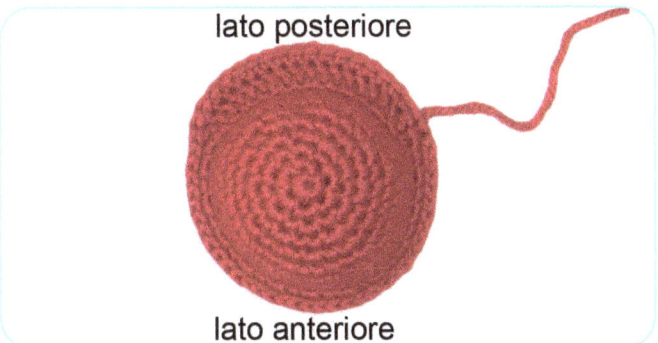
lato posteriore
lato anteriore

Distintivo

Da lavorare in righe.

riga 1: Con il colore **giallo**, cat 4, mb nella seconda cat dall'uncinetto, mb nelle 2 cat successive, girare. (3)

riga 2: cat 1, mb in ogni m sottostante per tutta la riga, girare. (3)

riga 3: cat 1, mb unendo le successive 3 m insieme, lasciare un filo lungo per cucire, chiudere. (1)

Cucire il distintivo sulla parte anteriore del cappello.

Assemblaggio

- Cucire la testa al corpo.
- Cucire le braccia al corpo.
- Cucire la coda sul giro 6 del corpo.
- Avvolgere il colletto intorno al collo e cucire.
- Cucire il cappello nella parte superiore della testa, imbottire il cappello prima di cucire l'apertura chiusa.

Marinaio

Gamba
Farne 2.
Inizia il lavoro con mb sulle catenelle di base:

giro 1: Con il colore **nero**, cat 5, mb nella seconda cat dall'uncinetto, mb nelle 2 cat successive, 3 mb nell'ultima cat; lavorare sul lato opposto della cat nel rimanente anello, mb nelle 2 cat successive, 2 mb nella cat successiva. (10)

giro 2: 2 mb nella m seguente, mb nelle 2 m seguenti, 2 mb in ciascuna delle seguenti 3 m, mb nelle 2 m seguenti, 2 mb in ciascuna delle seguenti 2 m. (16)

giro 3: mb nella m seguente, 2 mb nella m seguente, mb nelle 3 m seguenti, 2 mb nella m seguente, (mb nella m seguente, 2 mb nella m seguente) 2 volte, mb nelle 3 m seguenti, 2 mb nella m seguente, mb nella m seguente, 2 mb nella m seguente. (22)

giro 4: Lavorare solamente nell'anello posteriore della cat. mb in ogni m sottostante per tutto il giro. (22)

giro 5: mb nelle 6 m seguenti, 3 dim, mb nelle 10 m seguenti. (19)

giro 6: mb nelle 5 m seguenti, 3 dim, mb nelle 8 m seguenti, passando al **bianco** negli ultimi 2 anelli dell'ultima m. (16)

giro 7: (mb nelle 2 m seguenti, 1 dim) 4 volte. (12) Imbottire piede.

giro 8-12: mb in ogni m sottostante per tutto il giro. (12)

giro 13: mb in ogni m sottostante per tutto il giro, chiudere. (12)

Corpo

giro 1: Con il colore **bianco**, tenere le due gambe una accanto all'altra in modo che la parte interna delle cosce si tocchi. Inserire l'uncinetto nella maglia centrale della parte interna della coscia della **prima gamba** e tirare il filo attraverso la maglia della **seconda gamba** (come mostrato nell'immagine a pagina 22), cat 1, mb nella stessa m (Non contare questa maglia come punto, ma usarla solo per unire le due gambe insieme.), (2 mb nella m seguente, mb nelle 10 m seguenti) sulla **seconda gamba** (marcare la prima m), (2 mb nella m seguente, mb nelle 10 m seguenti) sulla **prima gamba**. (24)

giro 2: (mb nelle 2 m seguenti, 2 mb nella m seguente) 8 volte. Imbottire le gambe. (32)

giro 3: mb in ogni m sottostante per tutto il giro. (32)

giro 4: (mb nelle 7 m seguenti, 2 mb nella m seguente) 4 volte. (36)

giro 5: mb in ogni m sottostante per tutto il giro. (36)

giro 6: Lavorare solamente nell'anello posteriore della cat. mb in ogni m sottostante per tutto il giro. (36)

giro 7: (1 dim, mb nelle 7 m seguenti) 4 volte. (32)

giro 8: mb in ogni m sottostante per tutto il giro. (32)

giro 9: mb nelle 3 m seguenti, 1 dim, (mb nelle 6 m seguenti, 1 dim) 3 volte, mb nelle 3 m seguenti. (28)

giro 10: mb in ogni m sottostante per tutto il giro. (28)

giro 11: (1 dim, mb nelle 5 m seguenti) 4 volte. (24)

giro 12: mb in ogni m sottostante per tutto il giro. (24)

giro 13: mb nelle 2 m seguenti, 1 dim, (mb nelle 4 m seguenti, 1 dim) 3 volte, mb nelle 2 m seguenti. (20)

giro 14: mb in ogni m sottostante per tutto il giro. (20)

giro 15: (1 dim, mb nelle 3 m seguenti) 4 volte. (16)

giro 16: mb in ogni m sottostante per tutto il giro. (16)

giro 17: (1 dim, mb nelle 2 m seguenti) 4 volte. Lasciare un filo lungo per cucire, chiudere. (12)

Bordo della camicia

giro 1: Lavorando nell'anello anteriore della maglia del giro 5 del corpo e con la testa rivolta verso di te. Con il colore **bianco**, unire con mbss, cat 1, mb nella stessa m, mb in ogni m sottostante per tutto il giro. (36)

giro 2: mb in ogni m sottostante per tutto il giro, unire con mbss alla prima m. Chiudere.

Braccio
Farne 2 e riempire solo le mani.

giro 1: Con il colore **marrone**, 6 mb nel cerchio magico. (6)

giro 2: (mb nella m seguente, 2 mb nella m seguente) 3 volte. (9)

giro 3: mb in ogni m sottostante per tutto il giro. (9)

giro 4: (1 dim, mb nella m seguente) 3 volte, passando al **bianco** negli ultimi 2 anelli dell'ultima m. (6)

Imbottire la mano.

giro 5-14: mb in ogni m sottostante per tutto il giro. (6)

giro 15: mb in ogni m sottostante per tutto il giro, mbss nella prima m, lasciare un filo lungo per cucire, chiudere. (6)

Cappello

giro 1: Con il colore **bianco**, 6 mb nel cerchio magico. (6)

giro 2: 2 mb in ogni m sottostante per tutto il giro. (12)

giro 3: (mb nella m seguente, 2 mb nella m seguente) 6 volte. (18)

giro 4: (2 mb nella m seguente, mb nelle 2 m seguenti) 6 volte. (24)

giro 5: (mb nelle 3 m seguenti, 2 mb nella m seguente) 6 volte. (30)

giro 6: mb nelle 2 m seguenti, 2 mb nella m seguente, (mb nelle 4 m seguenti, 2 mb nella m seguente) 5 volte, mb nelle 2 m seguenti. (36)

giro 7: (mb nelle 5 m seguenti, 2 mb nella m seguente) 6 volte. (42)

giro 8: mb nelle 3 m seguenti, 2 mb nella m seguente, (mb nelle 6 m seguenti, 2 mb nella m seguente) 5 volte, mb nelle 3 m seguenti. (48)

giro 9: (mb nelle 7 m seguenti, 2 mb nella m seguente) 6 volte. (54)

giro 10-13: mb in ogni m sottostante per tutto il giro. (54)

giro 14: Lavorando solo nell'anello anteriore della maglia. mb nelle 4 m seguenti, 2 mb nella m seguente, (mb nelle 8 m seguenti, 2 mb nella m seguente) 5 volte, mb nelle 4 m seguenti. (60)

giro 15: (mb nelle 11 m seguenti, 2 mb nella m seguente) 5 volte. (65)

giro 16: mb nelle 6 m seguenti, 2 mb nella m seguente, (mb nelle 12 m seguenti, 2 mb nella m seguente) 4 volte, mb nelle 6 m seguenti. (70)

giro 17: mb in ogni m sottostante per tutto il giro, mbss nella prima m, lasciare un filo lungo per cucire, chiudere. (70)

Colletto

Da lavorare in righe.

riga 1: Con il colore **bianco**, cat 13, mb nella seconda cat dall'uncinetto, mb nelle 11 cat successive, girare. (12)

riga 2: cat 1, mb in ogni m sottostante per tutta la riga, girare. (12)

riga 3: cat 1, mb in ogni m sottostante per tutta la riga, chiudere. (12)

riga 4: Cat 7, mb nelle 12 m seguenti sulla riga 3, cat 8, girare.

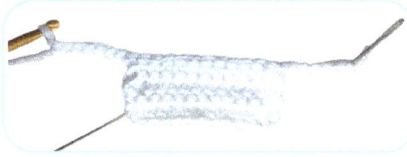

riga 5: mb nella seconda cat dall'uncinetto, mb nelle 6 cat successive, saltare la m successiva, mb nelle 10 m seguenti, saltare la m successiva, mb nelle 7 cat successive, chiudere.

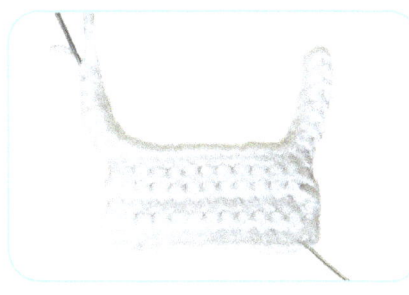

riga 6: Con il colore **blu marino**, cat 10, mbss per tutto il bordo del colletto, cat 10, chiudere.

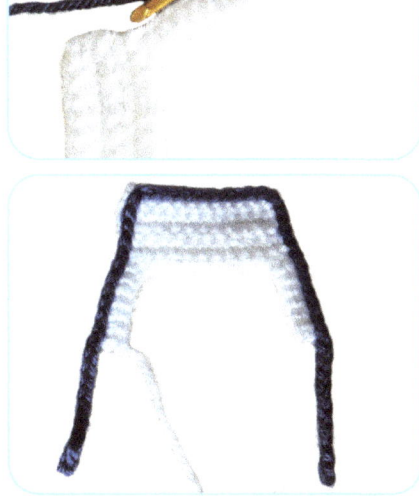

Testa

Per la testa del cane: fai riferimento allo schema del **Cane** a pagina 29.

Assemblaggio

- Cucire la testa al corpo.
- Cucire le braccia al corpo.
- Avvolgere il colletto intorno al collo, cucire le due estremità **bianche** e annodare le due catenelle **blu**.
- Metti il cappello in posizione e cuci sulla testa.

Cappello piccolo

giro 1: Con il colore **bianco**, 6 mb nel cerchio magico. (6)

giro 2: 2 mb in ogni m sottostante per tutto il giro. (12)

giro 3: (mb nella m seguente, 2 mb nella m seguente) 6 volte. (18)

giro 4: (2 mb nella m seguente, mb nelle 2 m seguenti) 6 volte. (24)

giro 5-7: mb in ogni m sottostante per tutto il giro. (24)

giro 8: Lavorando solo nell'anello anteriore della maglia. (mb nelle 3 m seguenti, 2 mb nella m seguente) 6 volte. (30)

giro 9: mb in ogni m sottostante per tutto il giro, mbss nella prima m, lasciare un filo lungo per cucire, chiudere. (30).

Contadino

Gamba
Farne 2.
Inizia il lavoro con mb sulle catenelle di base:

giro 1: Con il colore **marrone scuro**, cat 5, mb nella seconda cat dall'uncinetto, mb nelle 2 cat successive, 3 mb nell'ultima cat; lavorare sul lato opposto della cat nel rimanente anello, mb nelle 2 cat successive, 2 mb nella cat successiva. (10)

giro 2: 2 mb nella m seguente, mb nelle 2 m seguenti, 2 mb in ciascuna delle seguenti 3 m, mb nelle 2 m seguenti, 2 mb in ciascuna delle seguenti 2 m. (16)

giro 3: mb nella m seguente, 2 mb nella m seguente, mb nelle 3 m seguenti, 2 mb nella m seguente, (mb nella m seguente, 2 mb nella m seguente) 2 volte, mb nelle 3 m seguenti, 2 mb nella m seguente, mb nella m seguente, 2 mb nella m seguente. (22)

giro 4: Lavorare solamente nell'anello posteriore della cat. mb in ogni m sottostante per tutto il giro. (22)

giro 5: mb nelle 6 m seguenti, 3 dim, mb nelle 10 m seguenti. (19)

giro 6: mb nelle 5 m seguenti, 3 dim, mb nelle 8 m seguenti, passando al **blu marino** negli ultimi 2 anelli dell'ultima m. (16)

giro 7: (mb nelle 2 m seguenti, 1 dim) 4 volte. (12) Imbottire piede.

giro 8-12: mb in ogni m sottostante per tutto il giro. (12)

giro 13: mb in ogni m sottostante per tutto il giro, chiudere. (12)

Corpo

giro 1: Con **blu marino**, tenere le due gambe una accanto all'altra in modo che la parte interna delle cosce si tocchi. Inserire l'uncinetto nella maglia centrale della parte interna della coscia della **prima gamba** e tirare il filo attraverso la maglia della **seconda gamba** (come mostrato nell'immagine a pagina 22), cat 1, mb nella stessa m (Non contare questa maglia come punto, ma usarla solo per unire le due gambe insieme.), (2 mb nella m seguente, mb nelle 10 m seguenti) sulla **seconda gamba** (marcare la prima m), (2 mb nella m seguente, mb nelle 10 m seguenti) sulla **prima gamba**. (24)

giro 2: (mb nelle 2 m seguenti, 2 mb nella m seguente) 8 volte. Imbottire le gambe. (32)

giro 3: mb in ogni m sottostante per tutto il giro. (32)

giro 4: (mb nelle 7 m seguenti, 2 mb nella m seguente) 4 volte. (36)

giro 5-6: mb in ogni m sottostante per tutto il giro. (36)

giro 7: (1 dim, mb nelle 7 m seguenti) 4 volte. (32)

giro 8: mb in ogni m sottostante per tutto il giro. (32)

giro 9: mb nelle 3 m seguenti, 1 dim, (mb nelle 6 m seguenti, 1 dim) 3 volte, mb nelle 3 m seguenti, passando al **arancione** negli ultimi 2 anelli dell'ultima m. (28)

giro 10: Lavorare solamente nell'anello posteriore della cat. mb in ogni m sottostante per tutto il giro. (28)

giro 11: (1 dim, mb nelle 5 m seguenti) 4 volte. (24)

giro 12: mb in ogni m sottostante per tutto il giro. (24)

giro 13: mb nelle 2 m seguenti, 1 dim, (mb nelle 4 m seguenti, 1 dim) 3 volte, mb nelle 2 m seguenti. (20)

giro 14: mb in ogni m sottostante per tutto il giro. (20)

giro 15: (1 dim, mb nelle 3 m seguenti) 4 volte. (16)

giro 16: mb in ogni m sottostante per tutto il giro. (16)

giro 17: (1 dim, mb nelle 2 m seguenti) 4 volte. Lasciare un filo lungo per cucire, chiudere. (12)

Testa e coda

Per la testa e la coda della mucca: fai riferimento allo schema della **Mucca** a pagina 32.

Per la testa del coniglio: fai riferimento allo schema del **Coniglio** a pagina 30.

Braccio
Farne 2 e riempire solo le mani.

giro 1: Con il colore **bianco** (colore della pelle), 6 mb nel cerchio magico. (6)

giro 2: (mb nella m seguente, 2 mb nella m seguente) 3 volte. (9)

giro 3: mb in ogni m sottostante per tutto il giro. (9)

giro 4: (1 dim, mb nella m seguente) 3 volte. (6) Imbottire la mano.

giro 5-10: mb in ogni m sottostante per tutto il giro. (6)

giro 11: mb in ogni m sottostante per tutto il giro, passando al **arancione** negli ultimi 2 anelli dell'ultima m. (6)

giro 12-14: mb in ogni m sottostante per tutto il giro. (6)

giro 15: mb in ogni m sottostante per tutto il giro, mbss nella prima m, lasciare un filo lungo per cucire, chiudere. (6)

Pettorina

Da lavorare in righe.

riga 1: Con **blu marino**, cat 9, mb nella seconda cat dall'uncinetto, mb nelle 7 m seguenti, girare. (8)

riga 2: cat 1, mb unendo le prime 2 m insieme, mb nelle 4 m seguenti, 1 dim, girare. (6)

riga 3: cat 1, mb unendo le prime 2 m insieme, mb nelle 2 m seguenti, 1 dim, chiudere. (4)

riga 4: cat 12, mb nelle 4 m seguenti sulla riga 3, cat 12, lasciare un filo lungo per cucire, chiudere.

Assemblaggio

- Cucire la testa al corpo.
- Cucire le braccia al corpo.
- Con degli spilli, posizionare il corpo e cucire la prima riga della pettorina attraverso la parte superiore delle maglie del giro 9 del corpo.

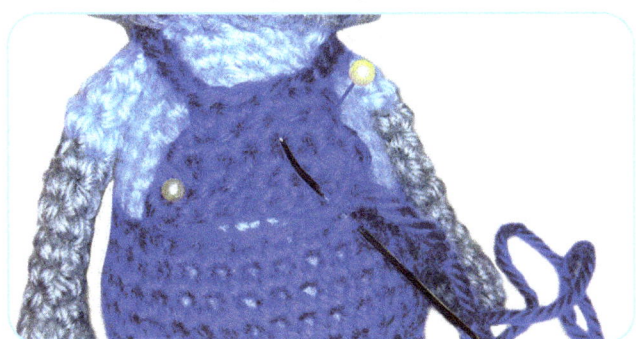

- Incrocia le spalline sul retro e cucire al corpo.

- Per la mucca: cuci la coda sul giro 6 del corpo.

Ballerina

Gamba

Farne 2.

Inizia il lavoro con mb sulle catenelle di base:

giro 1: Con il colore **bianco**, cat 5, mb nella seconda cat dall'uncinetto, mb nelle 2 cat successive, 3 mb nell'ultima cat; lavorare sul lato opposto della cat nel rimanente anello, mb nelle 2 cat successive, 2 mb nella cat successiva. (10)

giro 2: 2 mb nella m seguente, mb nelle 2 m seguenti, 2 mb in ciascuna delle seguenti 3 m, mb nelle 2 m seguenti, 2 mb in ciascuna delle seguenti 2 m. (16)

giro 3: mb nella m seguente, 2 mb nella m seguente, mb nelle 3 m seguenti, 2 mb nella m seguente, (mb nella m seguente, 2 mb nella m seguente) 2 volte, mb nelle 3 m seguenti, 2 mb nella m seguente, mb nella m seguente, 2 mb nella m seguente. (22)

giro 4: Lavorare solamente nell'anello posteriore della cat. mb in ogni m sottostante per tutto il giro. (22)

giro 5: mb nelle 6 m seguenti, 3 dim, mb nelle 10 m seguenti. (19)

giro 6: mb nelle 5 m seguenti, 3 dim, mb nelle 8 m seguenti, passando al **grigio** negli ultimi 2 anelli dell'ultima m. (16)

giro 7: Lavorare solamente nell'anello posteriore della cat. (mb nelle 2 m seguenti, 1 dim) 4 volte. (12) Imbottire piede.

giro 8-12: mb in ogni m sottostante per tutto il giro. (12)

giro 13: mb in ogni m sottostante per tutto il giro, chiudere. (12)

Corpo

giro 1: Con il colore **bianco**, tenere le due gambe una accanto all'altra in modo che la parte interna delle cosce si tocchi. Inserire l'uncinetto nella maglia centrale della parte interna della coscia della **prima gamba** e tirare il filo attraverso la maglia della **seconda gamba** (come mostrato nell'immagine a pagina 22), cat 1, mb nella stessa m (Non contare questa maglia come punto, ma usarla solo per unire le due gambe insieme.), (2 mb nella m seguente, mb nelle 10 m seguenti) sulla **seconda gamba** (marcare la prima m), (2 mb nella m seguente, mb nelle 10 m seguenti) sulla **prima gamba**. (24)

giro 2: (mb nelle 2 m seguenti, 2 mb nella m seguente) 8 volte. Imbottire le gambe. (32)

giro 3: mb in ogni m sottostante per tutto il giro. (32)

giro 4: (mb nelle 7 m seguenti, 2 mb nella m seguente) 4 volte. (36)

giro 5: mb in ogni m sottostante per tutto il giro. (36)

giro 6: Lavorare solamente nell'anello posteriore della cat. mb in ogni m sottostante per tutto il giro. (36)

giro 7: (1 dim, mb nelle 7 m seguenti) 4 volte. (32)

giro 8: mb in ogni m sottostante per tutto il giro. (32)

giro 9: mb nelle 3 m seguenti, 1 dim, (mb nelle 6 m seguenti, 1 dim) 3 volte, mb nelle 3 m seguenti. (28)

giro 10: mb in ogni m sottostante per tutto il giro. (28)

giro 11: (1 dim, mb nelle 5 m seguenti) 4 volte. (24)

giro 12: mb in ogni m sottostante per tutto il giro. (24)

giro 13: mb nelle 2 m seguenti, 1 dim, (mb nelle 4 m seguenti, 1 dim) 3 volte, mb nelle 2 m seguenti. (20)

giro 14: mb in ogni m sottostante per tutto il giro. (20)

giro 15: (1 dim, mb nelle 3 m seguenti) 4 volte. (16)

giro 16: mb in ogni m sottostante per tutto il giro. (16)

giro 17: (1 dim, mb nelle 2 m seguenti) 4 volte. Lasciare un filo lungo per cucire, chiudere. (12)

Gonna

giro 1: Lavorando nell'anello anteriore della maglia del giro 5 del corpo e con la testa rivolta verso di te. Con il colore **bianco**, unire con mbss, cat 1, mb nella stessa m, mb nelle 4 m seguenti, 2 mb nella m seguente, (mb nelle 5 m seguenti, 2 mb nella m seguente) 5 volte, mbss nella prima m. (42)

giro 2: cat 3 (contano come 1 ma), 2 ma nella stessa m, 3 ma nelle 41 m seguenti, mbss nella prima m. (126)

giro 3: cat 3 (contano come 1 ma), ma nella stessa m, 2 ma nelle 125 m seguenti, mbss nella prima m, chiudere. (252)

Braccio

Farne 2 e riempire solo le mani.

giro 1: Con il colore **grigio**, 6 mb nel cerchio magico. (6)

giro 2: (mb nella m seguente, 2 mb nella m seguente) 3 volte. (9)

giro 3: mb in ogni m sottostante per tutto il giro. (9)

giro 4: (mb nella m seguente, 1 dim) 3 volte (6) Imbottire la mano.

giro 5-14: mb in ogni m sottostante per tutto il giro. (6)

giro 15: mb in ogni m sottostante per tutto il giro, mbss nella prima m, lasciare un filo lungo per cucire, chiudere. (6)

Testa e coda

Per la testa e la coda del topo: fai riferimento allo schema del **Topo** a pagina 33.

Per la testa del coniglio: fai riferimento allo schema del **Coniglio** a pagina 30.

Assemblaggio

- Cucire la testa al corpo.
- Cucire le braccia al corpo.
- Cucire la coda sul giro 6 del corpo.

Ingegnere

Gamba

Farne 2.
Inizia il lavoro con mb sulle catenelle di base:

giro 1: Con il colore **nero**, cat 5, mb nella seconda cat dall'uncinetto, mb nelle 2 cat successive, 3 mb nell'ultima cat; lavorare sul lato opposto della cat nel rimanente anello, mb nelle 2 cat successive, 2 mb nella cat successiva. (10)

giro 2: 2 mb nella m seguente, mb nelle 2 m seguenti, 2 mb in ciascuna delle seguenti 3 m, mb nelle 2 m seguenti, 2 mb in ciascuna delle seguenti 2 m. (16)

giro 3: mb nella m seguente, 2 mb nella m seguente, mb nelle 3 m seguenti, 2 mb nella m seguente, (mb nella m seguente, 2 mb nella m seguente) 2 volte, mb nelle 3 m seguenti, 2 mb nella m seguente, mb nella m seguente, 2 mb nella m seguente. (22)

giro 4: **Lavorare solamente nell'anello posteriore della cat.** mb in ogni m sottostante per tutto il giro. (22)

giro 5: mb nelle 6 m seguenti, 3 dim, mb nelle 10 m seguenti. (19)

giro 6: mb nelle 5 m seguenti, 3 dim, mb nelle 8 m seguenti, passando al **blu marino** negli ultimi 2 anelli dell'ultima m. (16)

giro 7: (mb nelle 2 m seguenti, 1 dim) 4 volte. (12) Imbottire piede.

giro 8-12: mb in ogni m sottostante per tutto il giro. (12)

giro 13: mb in ogni m sottostante per tutto il giro, chiudere. (12)

Corpo

giro 1: Con **blu marino**, tenere le due gambe una accanto all'altra in modo che la parte interna delle cosce si tocchi. Inserire l'uncinetto nella maglia centrale della parte interna della coscia della **prima gamba** e tirare il filo attraverso la maglia della **seconda gamba** (come mostrato nell'immagine a pagina 22), cat 1, mb nella stessa m (Non contare questa maglia come punto, ma usarla solo per unire le due gambe insieme.), (2 mb nella m seguente, mb nelle 10 m seguenti) sulla **seconda gamba** (marcare la prima m), (2 mb nella m seguente, mb nelle 10 m seguenti) sulla **prima gamba**. (24)

giro 2: (mb nelle 2 m seguenti, 2 mb nella m seguente) 8 volte. Imbottire le gambe. (32)

giro 3: mb in ogni m sottostante per tutto il giro. (32)

giro 4: (mb nelle 7 m seguenti, 2 mb nella m seguente) 4 volte. (36)

giro 5: mb in ogni m sottostante per tutto il giro, passando al **azzurro** negli ultimi 2 anelli dell'ultima m. (36)

giro 6: mb in ogni m sottostante per tutto il giro. (36)

giro 7: (1 dim, mb nelle 7 m seguenti) 4 volte. (32)

giro 8: mb in ogni m sottostante per tutto il giro. (32)

giro 9: mb nelle 3 m seguenti, 1 dim, (mb nelle 6 m seguenti, 1 dim) 3 volte, mb nelle 3 m seguenti. (28)

giro 10: mb in ogni m sottostante per tutto il giro. (28)

giro 11: (1 dim, mb nelle 5 m seguenti) 4 volte. (24)

giro 12: mb in ogni m sottostante per tutto il giro. (24)

giro 13: mb nelle 2 m seguenti, 1 dim, (mb nelle 4 m seguenti, 1 dim) 3 volte, mb nelle 2 m seguenti. (20)

giro 14: mb in ogni m sottostante per tutto il giro. (20)

giro 15: (1 dim, mb nelle 3 m seguenti) 4 volte. (16)

giro 16: mb in ogni m sottostante per tutto il giro. (16)

giro 17: (1 dim, mb nelle 2 m seguenti) 4 volte. Lasciare un filo lungo per cucire, chiudere. (12)

Testa e coda

Per la testa e la coda della scimmia: fai riferimento allo schema della **Scimmia** a pagina 31.

Braccio

Farne 2 e riempire solo le mani.

giro 1: Con il colore **marrone**, 6 mb nel cerchio magico. (6)

giro 2: (mb nella m seguente, 2 mb nella m seguente) 3 volte. (9)

giro 3: mb in ogni m sottostante per tutto il giro. (9)

giro 4: (1 dim, mb nella m seguente) 3 volte, passando al **azzurro** negli ultimi 2 anelli dell'ultima m. (6) Imbottire la mano.

giro 5-14: mb in ogni m sottostante per tutto il giro. (6)

giro 15: mb in ogni m sottostante per tutto il giro, mbss nella prima m, lasciare un filo lungo per cucire, chiudere. (6)

Cintura

Con il colore **nero**, seguire lo schema di base della **Cintura** a pagina 21.

Cravatta

giro 1: Con **blu marino**, 6 mb nel cerchio magico. (6)

giro 2: (2 mb nella m seguente, mb nella m seguente) 3 volte. (9)

giro 3: (1 dim, mb nella m seguente) 3 volte. (6)

giro 4: 1 dim, mb nelle 4 m seguenti. (5)

giro 5-6: mb in ogni m sottostante per tutto il giro. (5)

giro 7: mb in ogni m sottostante per tutto il giro, unire con mbss nella m successiva, lasciare un filo lungo per cucire, chiudere

Colletto

Con il colore **azzurro**, seguire lo schema di base del **Colletto** a pagina 21.

Cappello

giro 1: Con il colore **giallo**, 6 mb nel cerchio magico. (6)

giro 2: 2 mb in ogni m sottostante per tutto il giro. (12)

giro 3: (mb nella m seguente, 2 mb nella m seguente) 6 volte. (18)

giro 4: (2 mb nella m seguente, mb nelle 2 m seguenti) 6 volte. (24)

giro 5: (mb nelle 3 m seguenti, 2 mb nella m seguente) 6 volte. (30)

giro 6: mb nelle 2 m seguenti, 2 mb nella m seguente, (mb nelle 4 m seguenti, 2 mb nella m seguente) 5 volte, mb nelle 2 m seguenti. (36)

giro 7-10: mb in ogni m sottostante per tutto il giro. (36)

giro 11: Lavorando solo nell'anello anteriore della maglia. mma nella m seguente, 2 mma nella m seguente, (ma nella m seguente, 2 ma nella m seguente) 4 volte, 2 mma nella m seguente, mma nella m seguente, mbss nella prossima 24 m, lasciare un filo lungo per cucire, chiudere. (42)

Assemblaggio

- Cucire la testa al corpo.
- Cucire le braccia al corpo.
- Cucire la cravatta al centro del corpo (sulla parte davanti).
- Avvolgere il colletto intorno al collo e cucire in posizione.
- Cucire il cappello nella parte superiore della testa, imbottire il cappello prima di cucire l'apertura chiusa.
- Cucire la coda sul retro del corpo sotto la cintura.

Insegnante

Gamba

Farne 2.
Inizia il lavoro con mb sulle catenelle di base:

giro 1: Con il colore **grigio**, cat 5, mb nella seconda cat dall'uncinetto, mb nelle 2 cat successive, 3 mb nell'ultima cat; lavorare sul lato opposto della cat nel rimanente anello, mb nelle 2 cat successive, 2 mb nella cat successiva. (10)

giro 2: 2 mb nella m seguente, mb nelle 2 m seguenti, 2 mb in ciascuna delle seguenti 3 m, mb nelle 2 m seguenti, 2 mb in ciascuna delle seguenti 2 m. (16)

giro 3: mb nella m seguente, 2 mb nella m seguente, mb nelle 3 m seguenti, 2 mb nella m seguente, (mb nella m seguente, 2 mb nella m seguente) 2 volte, mb nelle 3 m seguenti, 2 mb nella m seguente, mb nella m seguente, 2 mb nella m seguente. (22)

giro 4: *Lavorare solamente nell'anello posteriore della cat.* mb in ogni m sottostante per tutto il giro. (22)

giro 5: mb nelle 6 m seguenti, 3 dim, mb nelle 10 m seguenti. (19)

giro 6: mb nelle 5 m seguenti, 3 dim, mb nelle 8 m seguenti, passando al **bianco** negli ultimi 2 anelli dell'ultima m. (16)

giro 7: *Lavorare solamente nell'anello posteriore della cat.* (mb nelle 2 m seguenti, 1 dim) 4 volte. (12) Imbottire piede.

giro 8-12: mb in ogni m sottostante per tutto il giro. (12)

giro 13: mb in ogni m sottostante per tutto il giro, chiudere. (12)

Corpo

giro 1: Con il colore **rosa chiaro**, tenere le due gambe una accanto all'altra in modo che la parte interna delle cosce si tocchi. Inserire l'uncinetto nella maglia centrale della parte interna della coscia della **prima gamba** e tirare il filo attraverso la maglia della **seconda gamba** (come mostrato nell'immagine a pagina 22), cat 1, mb nella stessa m (Non contare questa maglia come punto, ma usarla solo per unire le due gambe insieme.), (2 mb nella m seguente, mb nelle 10 m seguenti) sulla **seconda gamba** (marcare la prima m), (2 mb nella m seguente, mb nelle 10 m seguenti) sulla **prima gamba**. (24)

giro 2: (mb nelle 2 m seguenti, 2 mb nella m seguente) 8 volte. Imbottire le gambe. (32)

giro 3: mb in ogni m sottostante per tutto il giro. (32)

giro 4: (mb nelle 7 m seguenti, 2 mb nella m seguente) 4 volte. (36)

giro 5: mb in ogni m sottostante per tutto il giro. (36)

giro 6: *Lavorare solamente nell'anello posteriore della cat.* mb in ogni m sottostante per tutto il giro. (36)

giro 7: (1 dim, mb nelle 7 m seguenti) 4 volte. (32)

giro 8: mb in ogni m sottostante per tutto il giro. (32)

giro 9: mb nelle 3 m seguenti, 1 dim, (mb nelle 6 m seguenti, 1 dim) 3 volte, mb nelle 3 m seguenti. (28)

giro 10: mb in ogni m sottostante per tutto il giro. (28)

giro 11: (1 dim, mb nelle 5 m seguenti) 4 volte. (24)

giro 12: mb in ogni m sottostante per tutto il giro. (24)

giro 13: mb nelle 2 m seguenti, 1 dim, (mb nelle 4 m seguenti, 1 dim) 3 volte, mb nelle 2 m seguenti. (20)

giro 14: mb in ogni m sottostante per tutto il giro. (20)

giro 15: (1 dim, mb nelle 3 m seguenti) 4 volte. (16)

giro 16: mb in ogni m sottostante per tutto il giro. (16)

giro 17: (1 dim, mb nelle 2 m seguenti) 4 volte. Lasciare un filo lungo per cucire, chiudere. (12)

Testa

Per la testa del coniglio: fai riferimento allo schema del **Coniglio** a pagina 30.

Gonna

giro 1: Lavorando nell'anello anteriore della maglia del giro 5 del corpo e con la testa rivolta verso di te. Con **rosa scuro**, unire con mbss, cat 1, mb nella stessa m, mb in ogni m sottostante per tutto il giro. (36)

giro 2: (mb nelle 11 m seguenti, 2 mb nella m seguente) 3 volte. (39)

giro 3-6: mb in ogni m sottostante per tutto il giro. (39)

giro 7: mb in ogni m sottostante per tutto il giro, unire con mbss alla prima m. Chiudere.

Braccio

Farne 2 e riempire solo le mani.

giro 1: Con il colore **bianco**, 6 mb nel cerchio magico. (6)

giro 2: (mb nella m seguente, 2 mb nella m seguente) 3 volte. (9)

giro 3: mb in ogni m sottostante per tutto il giro. (9)

giro 4: (1 dim, mb nella m seguente) 3 volte, passando al **rosa scuro** negli ultimi 2 anelli dell'ultima m. (6) Imbottire la mano.

giro 5-14: mb in ogni m sottostante per tutto il giro. (6)

giro 15: mb in ogni m sottostante per tutto il giro, mbss nella prima m, lasciare un filo lungo per cucire, chiudere. (6)

Giacca

Da lavorare in righe.

riga 1: Con **rosa scuro**, cat 17, mb nella seconda cat dall'uncinetto, mb in 15 cat, girare. (16)

riga 2: cat 1, 2 mb nella m seguente, (mb nelle 4 m seguenti, 2 mb nella m seguente) 3 volte, girare. (20)

riga 3: cat 1, mb in ogni m, girare. (20)

riga 4: cat 1, 2 mb nella prima m, mb nelle 5 m seguenti, 2 mb nella m seguente, mb nelle 6 m seguenti, 2 mb nella m seguente, mb nelle 5 m seguenti, 2 mb nella m seguente, girare. (24)

riga 5: cat 1, mb in ogni m, girare. (24)

riga 6: cat 1, 2 mb nella prima m, mb nelle 7 m seguenti, 2 mb nella m seguente, mb nelle 6 m seguenti, 2 mb nella m seguente, mb nelle 7 m seguenti, 2 mb nella m seguente, girare. (28)

riga 7: cat 1, mb in ogni m, girare. (28)

riga 8: cat 1, 2 mb nella prima m, mb nelle 8 m seguenti, 2 mb nella m seguente, mb nelle 8 m seguenti, 2 mb nella m seguente, mb nelle 8 m seguenti, 2 mb nella m seguente, girare. (32)

riga 9: cat 1, mb in ogni m, girare. (32)

riga 10: cat 1, 2 mb nella prima m, mb nelle 9 m seguenti, 2 mb nella m seguente, mb nelle 10 m seguenti, 2 mb nella m seguente, mb nelle 9 m seguenti, 2 mb nella m seguente, girare. (36)

riga 11: cat 1, mb in ogni m, girare. (36)

riga 12: cat 1, mb nelle 17 m seguenti, 2 mb in ciascuna delle seguenti 2 m, mb nelle 17 m seguenti, girare. (38)

riga 13: cat 1, mb in ogni m, girare. (38)

riga 14: cat 1, mb in ogni m fino alla fine della riga e mb tutto intorno al bordo, chiudere.

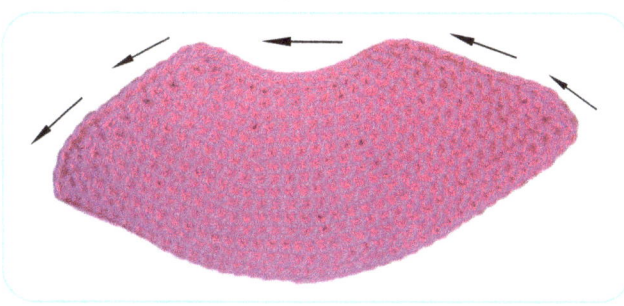

Assemblaggio

- Cucire la testa al corpo.
- Avvolgere la veste attorno al corpo e usare degli spilli per mantenerla in posizione.
- Cucire le braccia al corpo.

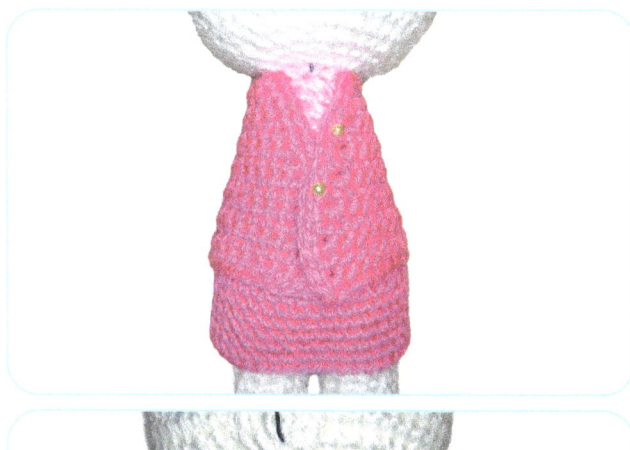

Copyright

Copyright © 2020, 2021 Sayjai Thawornsupacharoen. Tutti i diritti riservati. Questo libro di schemi all'uncinetto non può essere riprodotto o pubblicato online senza il permesso esplicito di Sayjai Thawornsupacharoen. Per informazioni sulle licenze inviare un'e-mail a: kandjdolls@gmail.com.

Questo libro è solo per uso personale. Per favore, rispetta il copyright di Sayjai e non condividere questo libro online.

Potete vendere gli animaletti creati seguendo le istruzioni di questo schema uncinetto. La vendita può essere effettuata solo se il prodotto finito è fatto a mano da Voi (il venditore), lo potete vendere in un negozio di artigianato o in un mercato e in quantità limitata (meno di 50). Si prega di aggiungere la seguente frase in qualunque annuncio che pubblicizza il prodotto: "*Questa bambola amigurumi è stata creata a partire da uno schema uncinetto di Sayjai Thawornsupacharoen. Tutti i diritti riservati.*"

Prima edizione
Data di pubblicazione: Aprile 2021
Pubblicato per la prima volta in inglese il 12 dicembre 2020
Titolo inglese originale: Mix and Match Crochet Animals: Amigurumi Crochet patterns
Design del libro, modelli, fotografie e illustrazioni : Sayjai Thawornsupacharoen
Editore: Robert Appelboom
Traduttrice: Alida Palmisano
Pubblicato da: K and J Publishing, 16 Whitegate Close, Swavesey, Cambridge, CB24 4TT, Gran Bretagna

Grazie per aver supportato un designer indipendente. Per domande sugli schemi uncinetto o su dove acquistare altri libri contatta Sayjai a kandjdolls@gmail.com o visita il blog di Sayjai : kandjdolls.blogspot.com (inglese) o uncinettoamigurumi.blogspot.com (italiano).